일본어표현

● 하토리 레이코 지음 ●

(주)시사일본어사

book.japansisa.com

　지금까지 출판된 일본어에 관한 교과서 · 참고서 · 문제집은 수없이 많다. 그러나 일본어 교육에 종사하는 일본인 교사가 한국인 학생만을 대상으로 한 책은 극히 드물다. 그리고 유사 표현을 구별하지 않고 같은 것으로 취급한 책이거나, 일제 시대에나 쓰이던 낡은 단어 · 문법을 지금도 쓰는 책, 혹은 일본에 유학을 온 여러 나라 출신의 학생을 모두 시야에 둔 책을 그대로 한국 학생용으로 번역한 책들이 대부분이다.

　이 책은 모든 단어 · 모든 문법을 망라하여 취급하지는 않았다. 왜냐하면 한국인이라면 설명을 하지 않더라도 한국어와 대응시키기만 하면 이해할 수 있는 단어나 문법이 다른 나라에 비해 훨씬 많기 때문이다. 한일어가 같은 부분에는 역점을 둘 필요가 없다. 그러나 반대로 한국인이기 때문에 오히려 틀리기 쉬운 표현도 많다. 한일어는 비슷하면서도 각각 독립된 다른 언어이므로 그것이 당연하다. 그런데 지금까지 한국인이 틀리기 쉬운 단어나 문법만을 모은 문제집은 나와 있지 않은 것으로 알고 있다.

　이 책은 이와 같이 **한국인이기 때문에 오히려 틀리기 쉬운 표현**만을 모은 문제집이다. 일본어 능력 시험 1 · 2급 정도 실력 수준의 중 · 고급 학습자를 대상으로, 그들 자신의 **한국어적인 일본어**를 교정할 때 자습할 수 있도록 해설을 달았다.

　학습 방법은 단어편 · 문법편 어느 쪽부터 시작해도 되지만 각 분야에서는 되도록 순서대로 학습하기 바란다. 그런데 꼭 지켜 주었으면

하는 점은 문제를 풀고 난 다음에 해설을 읽는 식으로 공부하길 바란다. 문제는 한국어를 일본어로 옮기거나 반대로 일본어를 한국어로 옮기는 것인데 대개 이 과정에서 오류가 발생한다. 문제가 쉽다고 해서 직접 풀기도 전에 해설을 읽어 버리면 머리에 오래 남지 않는다. 하나하나 옮기면서 **쉽다**고 할지도 모르지만, 반드시 오류라고 지적되는 부분이 있을 것이다. 그 점에 대해서는 물론, 정답이었을 경우에도 해설을 확인하는 마음으로 읽어 나가기 바란다. 혹은 단어를 모른다고 할 때도 완전히 포기하면 안 된다. 단어를 모르면 사전을 찾아도 되고, 바쁠 때는 그 단어만 빼고 할 수 있는 것만 해도 된다. (사실, 일본에 유학을 온 학생들에게는 알고 있는 단어이기 때문에 별 문제가 아닌 것들이겠지만 한국에서만 배우는 학습자에게는 사용 빈도가 낮은 것이 있을 수도 있다.) 중요한 것은 문제를 푸는 요령과 그것을 통해 핵심을 알게 되는 일이다.

이 책은 망라적인 것도 기초 문법의 해설도 아니다. 그러나 어느 정도의 수준에 도달한 학습자가 느끼는 **실력 상승의 벽**을 무너뜨리는 데에는 가장 효과적이라고 믿는다. 불필요한 것은 일절 없다.

"왠지 생각보다 점수가 낮게 나오는 학생, 기존의 책으로만 배우고 일본인과 만나 실수한 적이 있는 회사원, 학생의 질문에 고민한 적이 있는 일본어 교사, 일본어 실력에 한계를 느끼는 모든 학습자."

이런 분들은 한 번 이 문제에 도전해 보십시오.

1996년 9월 하토리 레이코(羽鳥玲子)

1 잘못쓰기 쉬운 단어 (1)

다음 일본어 문장은 한국어로, 한국어 문장은 일본어로 옮기시오.

1. 「あっ、そうだ！宿題しなきゃ。ゆみこ、やった？」
   ➡

   「아니, 아직 안 했어.」
   ➡

2. 「私が代わりに行きましょうか。」
   ➡

   「悪いからいいです。」
   ➡

3. 「コーヒーはいかがですか。」
   ➡

   「いいです。」
   ➡

4. 「このかばん、ずいぶんもったわね。」
   ➡

5. 持てる者は持たざる者の気持ちがわからないものだ。
   ➡

6. こう見えても学生時代にはずいぶんもてたんだから。

   ➡

7. そんな話はたくさんです。

   ➡

8. 「목욕물이 어때요?」

   ➡

   「うん、いい加減だよ。」

   ➡

9. 「今年の新入社員はどうですか。」

   ➡

   「うん、ちょっといい加減な人が多くて……」

   ➡

정답과 해설

1 「あっ、そうだ！宿題しなきゃ。ゆみこ、やった？」
→「아. 참! 숙제해야지. 유미코. 너 했니?」

「아니, 아직 안 했어.」
→「ううん、<u>まだやってない</u>。」
　　まだやらなかった(×)

「そうだ」는 상대방의 말에 수긍하는 경우에만 쓰는 게 아니라 어떤 일이나 생각이 떠올랐을 때에도 쓰는 말로, 한국어로 하면 「아, 참!」에 해당한다. 「そうだ」는 곧바로 생각이 났을 때 수긍하는 표현이고, 「そうそう」는 「そうだ」보다 생각이 떠오르는 속도가 느린 경우에 쓴다.

「まだやってない」는 「まだやっていない」에서 「い」가 생략된 회화체 문장이다. 여기서는 반드시 「まだ＋～ていない」형으로 해야 한다. 한국어 직역식의 「まだ＋과거형(た)」이라는 대답은 없다. 또한 「まだやっていない」라고 하면 앞으로 할 생각이 있으나, 만일 「ううん、やらなかった」라고 대답하면 이미 끝난 일이어서 앞으로도 할 생각이 없다는 뜻이다. 이에 대해서는 **문법편 제4장**을 참조할 것.

2　「私が代わりに行きましょうか。」

→「세가 내신 갈까요?」

「悪いからいいです。」

→「미안하니까　됐어요.」
　나쁘니까(×)　좋아요(×)

여기서 「悪い」는 「나쁘다」가 아니고 「すまない」(미안하다)의 뜻이고 「いいです」는 「좋아요」가 아니고 「結構」(괜찮음・됐음)의 뜻으로 쓰인 것이다. 직역하여 「나쁘니까 좋아요」라고 하면 무슨 뜻인지 이해가 되지 않을 것이다. 문맥 속에서 뜻이 통하지 않을 때에는 자신이 갖고 있는 지식에만 기댈 것이 아니라 사전을 찾는 습관을 몸에 붙이도록 하자.

🖋 참고로 「悪い」를 「すまない」라고 쓰는 것은 친한 사이에
서뿐이고, 윗사람이나 손님에게는 쓸 수 없다. 예를 들어

• 悪いけれど、コピー取ってくれる？(o)

라고 부하나 동료에게 부탁할 수는 있으나

• 悪いけれど、明日から休みを取らせていただけませんか。(×)

하고 상사에게 말할 수는 없다. 공손한 말씨가 아니기 때문이다.
윗사람에게는 「죄송합니다만」인 「申し訳ございませんが」를 써
야 한다.

3 「コーヒーはいかがですか。」

 → 「커피 어때요?」

「いいです。」

 → 「됐어요.」
　　좋군요(×)

🖋 문제 2에서 설명한 것처럼 「いいです」는 「結構です」(괜찮
습니다·됐습니다)의 뜻이므로, 여기에서는 결국 「커피는
마시지 않는다」는 의미이다. 만약 「좋군요. 좋네요」라고 해석한
다면, 「커피를 마시겠다」는 뜻이 되므로 마시기 싫은 커피를 마
셔야 할 상황을 초래하고 만다.

그러면 「좋군요」라고 할 때 즉, 마시고 싶을 때는 뭐라고 할까?
그 때는 「いいですね」라고 한다. 「ね」가 붙느냐 붙지 않느냐가
의미를 좌우하는 것이다. 일본 사람을 대하면서 한국 사람들이
고민하는 문제 중의 하나가 이 「いいです・いいですね」이다. 때
때로 일본 사람들은 애매하다고 비판을 받기도 하지만 「ね」가
있는 것과 없는 것으로 뜻이 정반대가 된다는 사실은 알고 있어

야 한다. 물론 상대방의 표정이나 몸짓도 참고가 된다.

그런데 「NO」의 뜻으로 쓰는 「いいです」는 친한 사이라면 윗사람에게도 쓸 수 있으나 결코 공손한 말씨라 할 수 없으므로 존대말을 써야 하는 상대에게는 역시 「結構です」라고 하는 것이 좋다. 「YES」의 뜻인 「いいですね」도 마찬가지로 상사 부인이 커피를 권해 주셨을 때는 「ありがとうございます」라고 해야 한다.

4 「このかばん、ずいぶんもったわね。」

→ 「이 가방 꽤 **오래 썼구나.**」
　　　　　 들고 다녔구나(○)

이 문장에서 「持つ」는 「가지다」의 뜻이 아니고 「오래 가다」라는 뜻이다. 가방에 관한 이야기라고 「持つ」를 「가지다·들다」라고 속단은 안 했는지. 역시 사전을 찾는 것이 안심이다.

5 持てる者は持たざる者の気持ちがわからないものだ。

→ 가진 자는 안 가진 자의 마음을 **알 수 없는 법이다**.
　　　　　　　　　　　　　　　 알 수 없으리라(○)
　　　　　　　　　　　　　　　 모르는 법이다(○)

「わからない」는 두 가지로 해석할 수 있다. 「가진 자는 안 가진 자의 마음을 이해하려고 해도 이해하지 못한다」는 뜻이라면 「알 수 없다」가 되고, 「가진 자는 안 가진 자의 마음을

모른다, 지식도 없고 체험해 본 적도 없다」는 뜻이라면 「모른다」
가 된다. 문제의 문장에서는 어느 쪽인지 확실하지 않으므로 어
느 것이든지 정답이다. 「わかる」와 「知る」의 차이점에 대해서
는 **단어편 제6장**을 참조할 것.

✏️ 「〜ものだ」에는 당연한 진리 · 회상 · 감탄 등 여러 가지
뜻이 있는데 이 문장에서는 당연한 진리를 나타내므로 「〜
법이다」「〜리라」라고 해석하는 것이 좋다. 자세한 것은 **문법편
제12장**을 참조하기 바란다.

6 こう見えても学生時代にはずいぶんもてたんだから。

→ 이래 뵈도 학창 시절에는 **여자** 에게 인기가
　　　　　　　　　　　　　　남자(○)

대단했다니까.
대단했단다(○)
대단했단 말이야(○)

✏️ 「もてる」는 「持つことができる」만이 아니라 「이성에게 인
기가 있다 · 사랑을 받다」라는 뜻도 있다. 「날렸어」라고 하
는 편이 더 좋을지 모른다. 이것도 사전을 찾아보는 것이 좋다.

✏️ 「〜んだから」는 한국어 「〜다니까」의 의미로 「이유」를 나
타내는 것이 아니라 **자랑**하는 것이다. 또
 • いつも皿洗いは私なんだから。
라고 **불만**을 나타내는 경우도 있으므로 「から」=「이유」라고
속단하지 말 것.

7 そんな話はたくさんです。

→ 그런 이야기는   <u>이제 그만해요</u>.

              듣기 싫어요(ㅇ)

              많아요(×)

「たくさんです」도 이 문장에서는 「多いです」가 아니라 「질립니다」의 뜻이다. 「たくさん」은 부사로 「많이」의 뜻이고, 「たくさん*だ*」는 형용동사로 「질리다」의 뜻으로 품사도 다르다. 그러나 주의할 것은 형용동사이긴 하나

• たくさんな本(×)

과 같이, 뒤에 명사가 오는 형태로는 사용할 수 없는 특별한 형용동사라는 점이다.

8 「목욕물이 어때요?」

→ 「湯加減、   どう？」

    お風呂の水(×)

「うん、いい加減だよ。」

→ 「응. 좋은데.」

「목욕물」을 「お風呂の水」라고 직역하지는 않았는지. 일본어에서는 「水」는 차고 「湯」는 따뜻한 것으로, 온도로 구분해서 쓴다.

대개 관심이 있는 영역에는 세분화된 말들이 많으나 별로 관심이 없는 사항들은 대충대충 광범위하게 이름을 붙이는 경향이 있다.

어느 분야의 낱말이 세분화되어 있는가를 잘 생각해 보면 그 말을 사용해 온 사람들의 관심 영역도 알 수 있게 된다. 목욕을 즐겨하는 일본 사람들에게는 「飲み水」(마시는 물)와 「風呂の湯」(목욕물)에 같은 말을 쓰는 것이 참을 수 없었기 때문은 아니었을까?

여담이지만, 본인은 한국 식당에서 「물 좀 주세요.」 하고 「水」를 시켰는데도 갈색 보리차가 나올 때마다 「이것은 水가 아닌데……」 하고 마음속으로 중얼거리곤 했다. 어디까지나 일본어에서는 「水」는 투명 무색이고 찬 것이어야 한다는 이야기이다.

「いい加減」은 억양에 따라 의미가 반대가 된다. 이 문장에서는 첫번째 「い」를 높게 발음하고 두 번째 「い」를 내린다. 이렇게 하면 긍정적인 뜻이 되고 문자 그대로 「좋은 온도·적당한 온도」를 가리킨다.

9 「今年の新入社員はどうですか。」
→ 「올해 신입 사원 어때요?」

「うん、ちょっといい加減な人が多くて……」
→ 「글쎄, 무책임한 사람이 많아서 곤란해.」

여기서는 문제 8과 반대로 이 문장의 「いい加減」은 첫번째 「い」를 낮게 시작하고 두 번째 「い」를 높인다. 이 경우는 「끝까지 해내지 않고 중동무이로 대충 끝내 버리는 일」을 뜻한다. 따라서 문제 8과는 정반대로 「좋은(良い) 加減」이 아니고 나쁜 뜻이 된다.

2 잘못 쓰기 쉬운 단어 (2)

다음 일본어 문장은 한국어로, 한국어 문장은 일본어로 옮기시오.

1. 「昨日の会議で最後に意見を言った人、覚えている？　あの人の言っていることは建前に過ぎないと思うなあ。」

   ◯

   「確かにそうですね。」

   ◯

2. 「ロングヘアーはいいもんだ。第一女らしい。」

   ◯

   「勘弁してください。古臭いんだから。」

   ◯

3. (아내) 「나, 아기 가졌어……」

   ◯

4. (友人) 「それは楽しみですね。」

   ◯

5. (夫) 「俺は子供なんてごめんだよ。」

   ◯

6. (親)「おろしたりしたら承知しません。」
   ➡

7. その赤い洋服おろすの？　なら、髪はおろさない方がいいわよ。
   ➡

정답과 해설

1　「昨日の会議で最後に意見を言った人、覚えている？ あの人の
言っていることは建前に過ぎないと思うなあ。」

→「어제 회의에서 마지막에 의견을 낸 사람, 기억나니?

　<u>그</u>　　사람 말은　**명분론**　에　**불과한 것 같애**.」
　저(×)　　　　　겉치레(○)　　불과하다고 생각해(×)

「確かにそうですね。」

→「<u>하긴</u>　그래요.」
　확실히(×)

　일어 공부에만 집중하다 엉뚱한 한국말을 쓰지는 않는지.
　우선 일본어에서는 말하는 이와 듣는 이가 모두 아는 일에
는 「あ」로 가리키지만, 한국어에서는 「그」라고 한다.
「あ」=「저」라고 직역은 안 했는지. 이에 대한 자세한 해설은 **문
법편 제2장, 제3장**을 참조할 것.

　「～と思う」와 「～と考える」는 직역하면 「～라고 생각하
다」이지만 이 두 가지 표현은 각각 어감이 전혀 반대이다.

일본어 「~と思う」는 「나는 이렇게 생각하지만 이것은 나만의 생각이고 당신은 다를지도 모른다」 하고 장담을 피하려는 표현으로 **자기 주장을 약화시키는 것**이다. 이에 대해 한국어 「~라고 생각하다」는 강하게 자기 주장을 하는 것이므로 일본어 「~と思う」로 해석할 수 없다. 오히려 「~と考える」가 적당하다. 그런데 일본 사람들이 문장 끝에 「~と思う」를 붙이거나 「……」라고 말을 흐리면서 끝내는 데 비해, 한국 사람들은 끝까지 확실하게 말하는 경향이 있다. 그런데 한국어에도 「~と思う」와 비슷한 표현 「~인 것 같다」가 있으며 일상 생활에서 자주 쓰이기 때문에 이 문제 문장에서도 이것을 사용했다.

「確かに」에는 두 가지 뜻이 있으므로 주의를 요한다. 하나는 문자 그대로 「확실히·틀림없이」라는 뜻이고 또 하나는 상대의 말을 듣고 「잘 생각해 보면 그럴지도 모른다」 하는 정도의 동의를 나타내는 「하긴·하기야·그러고 보니」에 해당한다.

덧붙여서 「に」를 빼고 「確か」라고 하면 「확실히」라는 뜻은 사라지고 「자신은 없지만 아마」라는 뜻이 된다. 예를 들면

- 「確か今日は金曜日でしたよね?」
- 「金さんですか? 確か帰ったはずです。」

와 같이 사용한다.

2 「ロングヘアーはいいもんだ。第一女らしい。」

→ 「긴 머리는 **좋구나**. **무엇보다** 여자다워.」
　　　　　　　좋은 것이다(×)　첫째(×)

「勘弁<ruby>勘弁<rt>かんべん</rt></ruby>してください。<ruby>古臭<rt>ふるくさ</rt></ruby>いんだから。」

→ 「**그만하세요**.   고지식하게.」

　　용서해 주세요(×)

🖊 이 문장도 자신이 알고 있는 지식만으로 해결해 버리면 잘
　　못하기 쉽다. 우선 「ものだ」는 여기서는 감탄의 뜻이므로
「〜구나」이지, 「〜것이다」가 아니다.

🖊 「<ruby>第一<rt>だいいち</rt></ruby>」는 「첫째」라는 뜻도 있지만 「우선」 「무엇보다」의
　　뜻이 있다. 예를 들면,

- 私は<ruby>殺<rt>ころ</rt></ruby>していません。**<ruby>第一<rt></rt></ruby>**、<ruby>現場<rt>げんば</rt></ruby>には行ったこともないので
すから。
- <ruby>旅行<rt>りょこう</rt></ruby>ですって？　時間もないけれど、**第一**、<ruby>先立<rt>さきだ</rt></ruby>つもの(＝お
金)がないじゃない。

와 같은 경우이다.

🖊 「<ruby>勘弁<rt>かんべん</rt></ruby>してください」도 여러분이 잘 아는 「용서해 주세요」
　　의 뜻으로 해석하면 문맥이 이상하다. 이것은 사전에도 잘
나와 있지 않은 말로 상대의 말에 반대하는 뜻을 나타내면서
「그런 말은 하지 마세요」 하고 **어이없음**을 표현할 때 쓴다.

🖊 단어편 제1장 문제 6에서 보았듯이 「〜んだから」는 이유
　　표현만이 아니다. 여기서는 불만의 표현이다. 단어나 문법
사항을 단순히 일대일로만 대응시키지 말고 그 문맥에 맞는 뜻
을 찾아야 잘못이 생기지 않는다. 언제나 「〜んだから」＝「〜하
게」도 아니지만, 이 문장에서는 한국어다운 표현이 아닌가.

3 (아내)「나, 아기 가졌어……」

→ (妻)「私、子供 **ができた** の。」

を持った(×)

「아기를 가졌다」는 임신했다는 것이므로 일본어에서는 「子供(赤ちゃん)ができた」라고 한다. 「子供を持つ」는 「아이를 두다」라는 뜻으로 이미 아이를 낳았다는 뜻이다. 이것도 직역하면 뜻이 달라지는 경우이다.

4 (友人)「それは楽しみですね。」

→ (친구)「잘 됐네요.」

「楽しみだ」는 「楽しい」와 같지 않다. 오류가 많이 생기는 단어로 유명하다. 「楽しみだ」는 「기대가 되다」라는 뜻으로 예를 들면,

- 御招待、ありがとうございます。楽しみにしております。
- 将来が楽しみな(=유망한)お子さんですね。

와 같이 쓴다. 품사는 형용동사이다.

5 (夫)「俺は子供なんてごめんだよ。」

→ (남편)「난 아기 같은 건 **질색이야.**」

미안하다(×)

「ごめん」이 붙는 말을 복습하자. 우선 「ごめんなさい」는 사죄 표현으로 공식적인 자리에서 윗사람에게 말할 수 없

는 점에 유의하자. 윗사람에게는 「죄송합니다」인 「申し訳ございません」을 써야 예의에 어긋나지 않는다.

다음으로 「ごめんください」는 남의 집을 방문해서 집 밖이나 현관에서 자신이 왔음을 알리는 말이나, 가게에서 물건을 사려는데 점원이 보이지 않을 경우에도 쓴다. 그런데 막상 신을 벗고 집안으로 들어갈 때는 「失礼します」「お邪魔します」라고 한다. 마지막으로 이 문제의 문장에 나오는 「ごめんだ」는 절대 사과하는 뜻은 아니고 「싫다」「질색이다」라는 뜻이다. 자신에게 무엇인가 강요당함을 피하는 느낌이다. 예를 들면

- 親と同居なんて私は<u>ごめん</u>です。
- 自治会の会長だけは<u>ごめん</u>蒙りたい。와 같이 쓴다.

6 (親)「おろしたりしたら承知しません。」

→ (부모)「아기 지우기라도 해 봐라. 가만두지 않을 테다!」

「おろす」는 「堕ろす」라고 쓰고 「낙태하다」의 뜻.

「承知」는 알고 있음을 뜻하는데 「承知しました」라고 하면 「알겠습니다」의 뜻으로 명령이나 부탁을 받아들일 때에 쓰지만, 부정형 「承知しない」는 「모르다」의 뜻이 아니라 「용서하지 않는다」는 뜻이다.

7 その赤い洋服おろすの？　なら、髪はおろさない方がいいわよ。

→ 그 빨간 새 **옷** 을 **입을** 거니? 그러면 머리는 내
　　　　　　양복(×)　　내릴(×)

리지 않는 게 좋아.

「양복」은 洋服으로 일본어에서도 「洋服」일 거라고 생각
하겠지만 「洋服」는 「和服」에 대한 말로 서양 스타일의 옷
은 모두 「洋服」다. 한국어의 「옷」처럼 범위가 넓다. 그런데 남
성 슈트만을 가리키는 「양복」은 「スーツ」로 하면 된다. 이와 같
이 같은 한자를 쓰는 한자말이라도 그 뜻이 다른 경우가 적지 않
은데 이에 대해서는 **단어편 제3장, 제4장**에서 다루기로 하자.

앞문장의 「おろす」는 「새로운 물건을 처음 쓰다・쓰기 시
작하다」는 뜻이므로 「내리다」로 해석하면 오류가 된다. 뒷
문장의 「おろす」는 한국어와 마찬가지로 「내리다」가 되는데 일
한사전 중에는 이 「おろす」를 「刈る」(깎다)로 해석한 책이 있
으니 주의를 해야 한다. 미장원에서 「髪をおろしてください」라
고 말한 여성의 머리를 깎아 버리면 어떻게 할까?

이상에서 본 것만 해도 쉬워 보이면서 실은 다른 뜻을 가지고 있으므
로 전혀 다른 반응을 일으킬 위험성이 있는 말들이 적지 않다. 「나는
안다」「이것은 쉽나」는 생각은 착각일 수 있다. 자, 이제 지신을 너무
믿지만 말고 항상 곁에 사전을 두고 공부해 나가자. 뜻이 통하지 않으
면 아수 쉬운 난어라도 사전을 바로 찾을 수 있도록. 때로는 사전도
잘못이 있기는 하지만 사전에서 배울 것은 너무나 많다.

3 한자말(漢語) (1)

かん ご

다음 한국어 문장을 일본어로 옮기시오.

1. 그렇게 해 주신다면 정말 영광입니다.
   ○

2. 그 집 딸은 인물도 좋고 마음씨도 곱다.
   ○

3. 책을 읽을 때는 방해하지 말아 주세요.
   ○

4. 피눈물 나는 노력 없이는 성공할 수 없다.
   ○

5. 누구든지 그 정도 단점은 다 있어요.
   ○

6. 종군 위안부로 끌려갔던 분들의 한을 풀어 드리고 싶습니다.
   ○

7. 「101번째 프로포즈」 곧 개봉!
   ○

8. 남녀노소 모두가 즐길 수 있는 꿈과 환상의 나라 「롯데 월드」

   ❏

9. 그 여자는 팔방미인이다.

   ❏

정답과 해설

1   그렇게 해 주신다면 정말 영광입니다.

→ **そうして**　　　　　下されば　**本当に**　**光栄** です。
　　　　　　　　　　　　くだ　　まこと　　　　こうえい
　そのように(○)　　　　　　　　真に(○)　栄光(×)
　そんなに(△)　　　　　　　　　　　　　えいこう

 영광을 직역해서 「栄光」이라고 해서는 안 된다. 한국어 「영광」에는 두 가지 일본어가 가능하다.

- 영광(栄光)　① 栄光 … 명사
　　　　　　　② 光栄 … 명사・형용동사

하나는 한국어와 마찬가지로 栄光 그대로 해석하면 명사인데, 뜻은 고난을 돌파해서 남이 못하는 일을 해냈음을 나타낸다. 예를 들면,

- 山下選手は遂に金メダルの**栄光**を手にしました。
　やましたせんしゅ　つい　きん
- 優勝の晩は勝利の**栄光**に酔いしれていた。
　ゆうしょう　ばん　しょうり　　　　　よ

와 같이 쓴다. 한국어에도 이런 뜻은 있다.

그런데 문제의 문장은 「자신에게 영예이다・명예로 생각하다」

라는 뜻이므로 일본어에서는 **형용동사**인 「光栄だ」로 해야 한다.

- お会いできて　光栄　でございます。
　　　　　栄光(×)

- - **光栄な**ことに、会長がじきじきにお褒(ほ)めの言葉を下(くだ)さいました。

이렇게 한자의 순서를 바꾸기만 해도 품사도 뜻도 달라지는 점에 유의하자.

　　　　「그렇게」는 「そう」「そのように」는 되지만 「そんなに」로 하지 않는 것이 좋다. 「そう」「そのように」가 단지 상대의 행동을 가리키는 데 비해 「そんなに」는 **정도**를 나타내기 때문이다. 예를 들면

- A 「申(もう)し訳(わけ)ございません。私が至らないばかりに。何と申しあげたら良いのやら……。二度とこんなことはないように致しますので、どうかお許(ゆる)しくださいますよう……。」

　B 「**そんなに** (=たくさん、ひどく) おっしゃらないでください。もうわかりましたから。」

와 같이 상대가 너무 미안해 하면서 끝없이 사과의 말을 되풀이 하기 때문에 「**そんなに** (=何回も・たくさん) 言わないでください」라고 하는 것이다. 만약 「そう言わないでください」라고 하면, 상대가 한 말만을 가리키는 뜻이다.

- A 「これ、どうぞ召(め)し上(あ)がってください。」
　B 「結構(けっこう)です。」
　A 「まあ、**そう** (=「要(い)らない」と) 言わないで、どうぞ。」

2

그 집 딸은 인물도 좋고 마음씨도 곱다.

→ その家の娘さんは **器量も良い** し、**心根も 優しい。**

きれいだ(○)　　　性格も(○)

美人だ(○)　　　人物も良い(×)

• 인물（人物）　① 人物（사람）
　　　　　　　② 器量 · 外見（외모）

「사람」이란 뜻의 「人物」은 한국어도 일본어도 똑같지만, 한국어에는 「인물이 좋다」의 형태로 「사람의 외모」를 가리키기도 한다. 문제 문장에서는 후자의 뜻이므로 「人物が良い」라고 하면 틀린다. 「人物が良い」 하면 「인간적으로 좋다」는 뜻이지 외모를 뜻하지는 않기 때문이다. 「외모」의 한자말 「外貌」로 할 수도 있으나 너무 딱딱한 문어체가 되어 버린다.

3

책을 읽을 때는 방해하지 말아 주세요.

→ 本を読んでいる時は **邪魔** しないでください。

お邪魔(×)

妨害(△)

한국어와 일본어는 같은 한자말도 많이 있으나 어떤 때는 한자말을 그대로 옮기면 문체에 맞지 않는 딱딱한 말이 되기도 한다. 일본어에서 한자말은 대체로 공식적이며 딱딱하고, 순일본어（和語）는 부드러운 느낌을 준다. 한국어에도 이런 느낌의 차이는 있으나 일본어가 더 강하다. 예를 들면, 「방해（妨害）」의 경우,

- 裁判_{さいばん}の進行_{しんこう}を<u>妨害</u>する者は退室_{たいしつ}を命_{めい}ずる。

와 같이 공식적이고 딱딱한 문장에는 한자어가 어울리지만,

- お伺_{うかが}いしてもお仕事の<u>妨害</u>にはなりませんか。

의 같은 회화 문장에서는 부드러운 느낌의 순일본어 「邪魔」를
쓰는 것이 적당하다.

4 피눈물 나는 노력 없이는 성공할 수 없다.
→ <u>血涙_{けつるい}をしぼる(ような) 努力_{どりょく}</u>   なくしては成功_{せいこう}するこ
   血_ちと汗_{あせ}と涙_{なみだ}の流_{なが}れる(○) 労力_{ろうりょく}(×)

とはできない。

이것도 마찬가지로 「피눈물」을 「血涙」라고 하면 딱딱한
느낌을 준다. 좀 쉬운 일본어로 표현하면 「血と汗と涙」라
는 세 단어 세트가 더 일반적이다.

- 노력(労力) → 労力_{ろうりょく} … 명사
  노력(努力) → 努力_{どりょく} … 동사・명사

한자말을 그 한자와 동시에 배우지 않는 경우 발음이 같으면서
의미도 비슷한 분야의 한자말을 혼동하는 일이 많다. 그래서 일
본어로 옮길 때도 구별을 못하고 잘못된 한자를 쓰기 쉽다.
우선 「努力」란 「목적을 달성하기 위해 힘을 기울이는 일」이므
로 「努力する」와 같이 동사가 될 수도 있으나, 「労力」는 「어떤
일을 하는 데 필요한 시간이나 체력」이므로 「労力する」라는 동
사는 만들 수 없다. 문제 문장의 경우, 「피눈물 나는 시간・체력」
이라고 해석할 수 없으므로 당연히 「努力」라고 해야 한다. 한국
어 한자말들은 어떤 한자를 쓰는가에 관심을 갖게 되면 일본어
공부에도 도움이 된다.

5 누구든지 그 정도 단점은 다 있어요.

→ 誰でも <u>そのくらい</u> の <u>短所</u> は (皆) ありますよ。

それくらい(○)　　短点(×)

それだけ(×)

・ 단점(短点) → 短所 / 장점(長点) → 長所

일본어에는「短点」이라는 말이 없다.「短所」이다. 반대말
도「長所」이지「長点」은 없다. 이 두 가지 말을 합쳐「장단점」
이라고 할 때는「長所短所」라고 하여 생략은 하지 않는다.

또 유사어로

・ 약점(弱点) → 弱点・弱み

이지만, 단 일본어「弱点」은「공격을 받으면 곤란한 점」이지
「약점」과 같이「단점・결점」이란 뜻은 없다. 예를 들면

・ 山下選手は故障した右足が<u>弱点</u>だ。

와 같이 쓴다. 반대말은,

・ 강점(強点) → 強み

로, 일본어에는「強点」이라는 말이 없는 데도 주의를 요한다.

6 종군 위안부로 끌려갔던 분들의 한을 풀어 드리고 싶습니다.

→ <u>従軍慰安婦</u> として <u>連れて行かれた</u> 方々の

挺身隊(△)　　　　引っ張られて行った(○)

<u>無念</u> を晴らしてさしあげたいです。

恨み(△)

「挺身隊」는 종군 위안부라고 알고 있는 분들이 있으나, 「挺身隊」는 위안부뿐 아니라 공장 노동에 종사하는 사람들도 포함한 말로 범위가 넓다. 시사 문제를 다루면서 한일간에 용어 차이가 있는 경우도 있으니 그것에도 주목하고 싶다. 예를 들면

- IAEA국제원자력기구 → 国際原子力機関
  NPT핵확산금지조약 → 核拡散防止条約
  핵안전협정 → 保障措置協定
  정상회담 → 首脳会談
  고위급회담 → 高官会談
  비리 → 汚職
  외교협상 → 外交交渉
  원전 → 原発

와 같이 신문의 표제어로 나오는 단어만 해도 그 숫자는 엄청나다. 게다가 이런 시사 용어는 사전에 실려 있지 않은 것들이 많으므로 스스로 단어를 익혀 가는 노력이 필요하다.

한국어의 「한」을 무슨 말로 옮길까 많은 번역가들이 고심해 왔다. 같은 한자를 쓴다고 「恨み」라 하면 일본인들에게 오해를 불러일으킬 우려가 있어 요즘에는 「恨」이라고 그대로 カタカナ로 표기하는 경우도 많다. 왜냐하면 「恨み」란 잔인한 짓을 한 상대에게 갖는 「원망」을 뜻하므로, 「한국인은 恨みの文化를 가졌다」라고 하면 복수하려는 느낌을 주기 때문이다. 「한」은 문맥에 따라 적당한 단어를 선택하는 것이 중요한데, 문제 문장에서는 「일본 사람에게 복수하겠다」는 의미보다 「그 억울한 마음을 풀어 주고 싶다」는 뜻이라고 생각되기 때문에 「無念」이

맞는다.

또한 「오랜 동안의 희망을 이루었다」고 할 때에 쓰는 「한」은

- ついに<ruby>念願<rt>ねんがん</rt></ruby>の2000<ruby>本<rt>ほん</rt></ruby><ruby>安打<rt>あんだ</rt></ruby>を<ruby>成<rt>な</rt></ruby>し<ruby>遂<rt>と</rt></ruby>げた。
- <ruby>長年<rt>ながねん</rt></ruby>の<ruby>念願<rt>ねんがん</rt></ruby>が<ruby>叶<rt>かな</rt></ruby>い、40<ruby>年<rt>ねん</rt></ruby>ぶりの<ruby>帰国<rt>きこく</rt></ruby>を<ruby>果<rt>は</rt></ruby>たした。

와 같이 「念願」이라는 말로 대신할 수 있다.

---

7 「101번째 프로포즈」곧 개봉!

→「101 <ruby>回目<rt>かいめ</rt></ruby> の プロポーズ」 <ruby>近日<rt>きんじつ</rt></ruby>   <ruby>公開<rt></rt></ruby>!

<ruby>番目<rt>ばんめ</rt></ruby>(×) 請婚(×) まもなく(○) <ruby>封切<rt>ふうき</rt></ruby>り(○)

開封(×)

- ~번째 ① ~番目 …… 순서
- ② ~回目 …… 횟수

「~番目」는

- クラスで<ruby>後<rt>うし</rt></ruby>ろから2<ruby>番目<rt>ばんめ</rt></ruby>に<ruby>背<rt>せ</rt></ruby>が<ruby>高<rt>たか</rt></ruby>い。

와 같이 순서를 나타내며, 「~回目」는

- 10<ruby>回目<rt>かいめ</rt></ruby>の<ruby>訪問<rt>ほうもん</rt></ruby>でようやく<ruby>本人<rt>ほんにん</rt></ruby>に<ruby>会<rt>あ</rt></ruby>えた。

와 같이 횟수를 나타낸다. 문제 문장에서는 「101 사람 중에 마지막 청혼자」란 뜻이 아니고 한 남자가(여러 사람에게) 101번 청혼을 해 왔는데 마지막 101번째에야 겨우 승낙을 받았다는 드라마였다. 따라서 「~回目」쪽을 쓴다.

프로포즈는 「プロポーズ」「<ruby>求婚<rt>きゅうこん</rt></ruby>」으로, 한국어 한자 그대로 「청혼(請婚)」이라고 쓰면 의미가 통하지 않게 된다.

「개봉(開封)」도 「開封」도 똑같이 「봉」을 쓰는 점은 같으나 일본어에서는 영화는 「<ruby>開封<rt>かいふう</rt></ruby>する」라고 하지 않고 「<ruby>封切<rt>ふうき</rt></ruby>る」「<ruby>封切<rt>ふうき</rt></ruby>りをする」를 쓴다. 「開封」하는 것은 봉투뿐이다.

8 남녀노소 모두가 즐길 수 있는 꿈과 환상의 나라「롯데 월드」

→ **老若男女** 皆 **が** 楽しめる夢と **幻想** の国

男女老小(×)　　　で(○)　　　　　　ファンタジー(○)

「ロッテワールド」。

• 남녀노소(男女老小) → 老若男女

일본어와 한국어의 4자 숙어는 때로 일부가 다른 경우도
있다. 예를 들면

• 현모양처(賢母良妻) → 良妻賢母
요령부득(要領不得) → 不得要領
만원사례(滿員謝禮) → 満員御礼

와 같이 순서가 바뀌거나 한자가 다른 것을 주의하자.

---

9 그 여자는 팔방미인이다.

→ 彼女は **多芸多才** だ。

八方美人(×)

문제처럼 특별한 4자 숙어로 같은 한자이면서 전혀 뜻이
다른 말도 있다. 한국어에서는 「팔방미인」은 「여러 방면에
재능이 있는 사람」으로 칭찬이지만 일본어에서는 「八方美人」은
「여러 사람에게 애교를 떠는 절조없는 사람」으로 욕에 가깝다.
칭찬하려다가 혼날 수 있는 말이다. 「다능」에 해당하는 말은
「多才」.

다음 한국어 문장은 일본어로, 일본어 문장은 한국어로 옮기시오.

1. 경찰은 유흥가에서 판매되는 음란물 단속에 나섰습니다.
   ➡

2. 부모는 자식을 늘 아이로만 생각하기 쉽다.
   ➡

3. 누나들은 다 출가해서 집에 없습니다.
   ➡

4. 「외인 출입 금지」
   ➡

5. 취직 문제에 대해 교수님께 의논했습니다
   ➡

6. 내가 여자라고 무시하지 말아요!
   ➡

7. 길이 복잡해서 늦었습니다.
   ➡

8. 人は人道にはずれてはいけない。

➡

정답과 해설

1 경찰은 유흥가에서 판매되는 음란물 단속에 나섰습니다.
→ 警察は **歡樂街** で **売られている** **猥褻物** の
けいさつ かんらくがい わいせつぶつ
遊興街(×) 販売されている(o) 淫乱物(×)
はんばい
取り締まり に乗り出しました。
と し の だ
団束(×)

✏ 「유흥가(遊興街)」도 그대로 옮기면 안 된다. 「歡樂街」 또
가い
는 「ネオン街」라고 해야 한다.

✏ 「淫乱」한 것은 일본어에서는 사람이지 물건은 아니기 때
いんらん
문에 「淫乱物」라는 말은 없다. 「猥褻」는 물건에도 행위에
わいせつ
도 쓸 수 있다.

「단속(団束)」이란 한자말은 일본어에는 없다.

비화가 있다. 한일간의 어떤 외교 협상 회의에서 한국측 통역관이 「漁
ぎょ
船のたんそく」라는 말을 몇 번이나 되풀이했다고 한다. 일본측은 「た
せん
んそく」가 무슨 뜻인지 이해를 못 하고 「短足(다리가 짧음)는 아닐
たんそく
테고……」 하고 얼마 동안 고민했다는데. 이것도 한국 한자말을 그대
로 일본어로 옮긴 데서 일어난 일이다. 고급반 수준의 학습자라면 「일
본어 교본」 같은 것만이 아니고 살아 있는 말을 접하기 위해서 실제
뉴스를 다루는 잡지나 신문을 보는 것도 불가결하다.

2 부모는 자식을 늘 아이로만 생각하기 쉽다.

→ 親 は 自分の 子 を いつも 子供
　　父母(△)　　　　子供(○)　　常に(○)
　　　　　　　　　子息(×)

扱いしがちだ。
とばかり思いやすい(○)

「부모(父母)」는 일본어에서는 약간 딱딱한 문장에서 쓰는 말이고 일반적으로는 「親」라고 한다. 「부모님께서는 안녕하십니까?」는

• 御両親はお元気でいらっしゃいますか。

라고 하여 상대방에 대해서는 높임말 「御両親」 「親御さん」을 쓴다. 그런데 자신의 부모님에게는 높임말을 쓰지 않는 점이 한국과 다르다. 「우리 부모님께서 말씀하셨다」라는 말은

• うちの親(両親・父と母)が申しました。(○)
• 父母(御両親)がおっしゃいました。(×)

가 된다.

「자식(子息)」은 일본말 「子息」와 뜻이 다르다. 「子息」는 남의 아들의 높임말이고, 한국어의 「자식」과 같이 딸은 포함하지 않는 점에 주의를 해야 한다. 당연히 「이 자식」을 「この子息」라고 해도 욕이 안 된다. 이 문제 문장은 딸도 포함하고 「親」에 대한 말이므로 「子供」 「子」라고 할 수밖에 없다.
그 다음에 문제가 되는 것은 「아이」라는 말인데 「大人」에 대한 말 「子供」가 앞의 「자식」의 「子供」와 겹쳐 구별이 안 되는 점이다. 때문에 「자식」이라는 말은 「子供」 부분에 「自分の」를 덧붙여 뜻을 명확하게 할 필요가 있다.

3 누나들은 다 출가해서 집에 없습니다.

→ <u>姉（たち）</u>　　は皆　<u>嫁に行って</u>　　家にはおりません。
　 お姉さん(×)　　　　出家して(×)

　 姉さん(×)　　　　　出嫁して(×)

✏️　초급에서 배웠는데 아직 몸에 배지 않은 분들도 적지 않다.
　　자신의 누나를 남에게 말할 때 「お姉さん」이라고 하는 것
은 몰상식하게 들린다. 「姉」라고 해야 맞는다. 또 「お」를 빼고
「姉さん」이라고 하면 소탈한 회화체가 된다. 그런데 문제는 「姉
さん」이라고 하는 분들인데 이 말은 「やくざ(깡패)」 세계에서
만 쓰는 말로 의형제 관계에 있는 형의 아내를 가리킨다. 「한자
가 같으니까 큰 차이는 없겠지」라고 생각하면 큰 실수를 하고
만다.

그런데 한국에서는 전혀 친척 관계도 아닌 사람을 나이가 많다
고 「언니」 「누나」라고 말하는데 이것을 일본 사람에게 소개할
때에도 「お姉さん」 「姉」라고 하는 사람들이 많아 자주 오해를
일으킨다. 일본 사람들은 이럴 경우에 나이가 두세 살 위라고 해
도 「友達」라고 하거나, 학교나 회사 선배라면 「先輩」, 나이 차이
가 많이 나서 「友達」가 예의에 어긋날 때는 「知り合い」란 말로
가리킨다. 한국 습관을 모르는 일본 사람에게 말할 때는 이런 점
에도 신경을 쓰는 것이 어떨까?

✏️　「출가(出嫁)」란 한자말은 일본어에서는 쓰지 않고 「嫁に
　　行く」 「嫁ぐ」라고 한다. 그런데 때때로 「출가」를 「出家」
로 알고 「出家する」라고 하는 사람이 있는데, 이것은 집을 나와
불문에 들어가는 것을 뜻하기 때문에 상대가 일본 사람이라면
놀라게 된다.

4 「외인 출입 금지」

→ **部外者**   **立ち入り** 禁止
関係者以外(○)   出入り(×)

外人(×)

일본어와 한국어가 뜻이 다른 한자말이 두 가지 나왔다. 우선 「외인(外人)」은 일본어에서 그저 「外国人」이라는 뜻이며 「관계없는 사람」이면 「部外者」라고 한다. 따라서 이 문제 문장에서도 「部外者」, 아니면 「関係者以外」 하고 「以外」를 붙여서 말해야 하며 「外人」은 잘못이다. 외국인 차별이라는 오해를 부를 수도 있다.

그 다음에 「출입(出入)」은 그대로 일본어로 옮기면 「出入り」「出入り」가 되는데 이것은 「들어갔다 나갔다」 하는 **반복성**을 갖는다. 따라서

• 行きつけの飲み屋でつけが溜まり、しばらく出入り禁止になった。

와 같은 경우에는 쓸 수 있다.

그러나 문제 문장같이 「관계없는 사람이 들어가서는 안 된다」고 할 때는 「立ち入り」를 쓴다. 「立ち入る」에는 「관계없는 사람」이란 뜻이 포함되어 있다. 예를 들면

• 領海内に立ち入ると拿捕される恐れがある。
• 大蔵省と日銀がD銀行の立ち入り調査を行いました。
• 立ち入ったことをお伺い致しますが、離婚の原因は何だったんでしょうか。

와 같은 경우에 쓴다.

5 취직 문제에 대해 교수님께 의논했습니다.

→ 就職のこと　について　教授に　相談　しました。
_{しゅうしょく}　　　　　　　　　_{きょうじゅ}　_{そうだん}

就職の問題(○)　に対して(×)　　　議論(×)
_{ぎ ろん}

　　「의논(議論)하다」를 그대로 옮긴「議論」은「논의하다」
_{ぎ ろん}
의 뜻으로 서로 자신의 의견을 말하면서 문제의 해결 방안
을 찾는 것을 말한다. 그런데 이 문제 문장은「논의하다」가 아니
고 취직 자리를 구하는데 교수님께 도움을 요청하는 경우이므로
「相談する」라고 해야 한다.
_{そうだん}

6 내가 여자라고 무시하지 말아요!

→ 私が女だからと言って　馬鹿にしないで　ください。
_{ば か}
軽く見ないで(○)
_{かる}
軽視しないで(○)
_{けい し}
無視しないで(×)
_{む し}

　　「무시(無視)하다」=「無視する」가 아니다. 발음은 같지만,
_{む し}
「무시하다」는「경시하다・우습게 보다」의 뜻으로「軽く
_{ば か}　　　　　　　　　　　　　　　　　　　　　　　　　　_{かる}
見る」「馬鹿にする」가 되며,「無視する」는「거기에 없는 것처
럼, 보이지 않는 것처럼 취급하다」라는 뜻으로 존재조차 인정하
지 않는 것이다.

7 길이 복잡해서 늦었습니다.

→ 道が **混んでいて** **遅れて** しまいました。
　　　　 複雑で(×) 遅くなって(○)

　　「混む」에는「길이 막히다」의 뜻도「복잡하게 뒤얽히다」의 뜻도 있는 데 비해,「複雑だ」에는「길이 막히다」의 뜻은 없다.

8 人は人道にはずれてはいけない。

→ 사람은 인도에 어긋나서는 안 된다.

　　아마 번역문은 정답을 맞추었겠지만 문장의 뜻을 제대로 이해하고 있는지 궁금하다. 일본어「人道」는「차도(車道)」에 대한 말인「인도(人道)」의 뜻은 없다. 이 문장은「사람은 차도를 걸어서는 안 된다」라는 뜻은 아니다.「인류 즉, 사람의 도리를 벗어나서는 안 된다」는 뜻이다.
　　참고로「차도」에 대한「인도」는「歩道」라고 한다.

이상과 같이 한자말은 서로 같거나 비슷하면서도 한일간에 서로 의미가 다른 것들이 꽤 많다. 한자말은 그 모양을 외우는 것도 힘이 들지만 한일간의 의미 차이나 표현 차이를 아는 것도 또한 필요한 일이다.

言う・話す/ 말하다

(1) 다음 한국어 문장을 일본어로 옮기시오.

1. 솔직히 말해서 지식인들의 그런 사고 방식에 반대합니다.
   ➡

2. (친구 사이에서) 그 사람을 어디서 만나서 어떻게 친해졌는지 솔직히 말해 봐.
   ➡

3. 일본인들은 식사하기 전에 꼭 「いただきます」라고 말합니다.
   ➡

4. 남편은 그냥 「이제 됐다」고 그렇게 말했다.
   ➡

5. 우리도 이제 「노」는 「노」라고 확실히 말해야 한다.
   ➡

6. (일본 뉴스에서) 정부 대변인은 우리측 입장에 대해 다음과 같이 말했습니다.
   ➡

7. (필기 시험 문제에서) 「낙하산 인사」에 대해 말하시오.
   ➡

8. 종군 위안부로 끌려갔던 할머니가 마침내 자신의 경험을 자세히
   말하기 시작했다.
   ◗

9. 할머니의 흰머리가 그간의 어려움을 잘 말해 주고 있다.
   ◗

(2) 다음 일본어를 한국어로 옮기시오.

10. 林先生は結構話せる。
    ◗

(3) 다음 문장에 알맞는 단어를 고르시오.

11. ごみ問題について級友たちと (言い合った 話し合った 述べ合っ
    た 語り合った しゃべり合った)。
    ◗

12. 昨日は20年ぶりに戦友と会い、酒を飲みながらお互いに身の上を
    (言い合った 話し合った 述べ合った 語り合った しゃべり
    合った)。
    ◗

13. お互い自分の立場から (言い合って 話し合って 述べ合って 語
    り合って しゃべり合って) いるだけでは問題は解決に至らない。
    ◗

정답과 해설

쉽고 또 자주 쓰는 단어이면서 잘못 쓰기 쉬운 단어로 「話す」「言う」「述べる」「語る」「しゃべる」가 있다. 이들은 한국어로 「말하다」「이야기하다」 두 가지 의미로 알고 있으나 일본어에는 네 가지 뜻이 있어서 파악하기 어렵고 오류도 많다. 여기서는 각 단어의 특징을 다시한 번 확인하고 자신이 평소 쓰는 단어가 맞는지 틀리는지 재확인해보자.

1　솔직히 말해서 지식인들의 그런 사고 방식에 반대합니다.

→ **正直** に **言って**　　**知識人**　たちのそんな　**考え方**
　率直(○)　　話して(×)　知性人(×)　　　　　　思考方式(×)

には **反対です。**
　　　反対します(×)

　　「솔직히 말해서」는 「正直に言って」「率直に言って」로 이것은 하나의 관용 표현으로 외우는 것이 좋으며 「言う」인지 「話す」인지 선택을 망설일 필요가 없다.

　　「반대하다」는 일본어에서는 두 가지 표현이 있다. 「反対です」는 **생각·의사 표명**만을 뜻하며 행동은 수반되지 않으나, 「反対します」는 의견만이 아니라 **구체적인 행동**이 따른다. 시위를 하거나 서명 운동을 하는 경우이다. 「찬성하다」도 똑같이 「賛成です」는 의견만, 「賛成します」는 구체적인 행동이 수반된다.
예를 들면 「この案についてどう思いますか」 하는 질문에 대해서는 그냥 의견만을 표명하면 되기 때문에 「賛成です・反対です」라고 대답한다.

2

(친구 사이에서)

그 사람을 어디서 만나서 어떻게 친해졌는지 솔직히 말해 봐.

→ その人 **と** どこで出会_{で あ}いどのように **親_{した}しくなった**

　　　　に(○)　　　　　　　　　　　　　仲良_{なか よ}くなった(○)

　　　　を(×)

のか正直_{しょうじき}に **話して。**

　　　　　　言って(○)

　　　　　　言ってみろ(×)

이번에는 하나의 표현으로 외우는 「正直に言って」「率直に言って」가 아니다. 우선 「話す」의 특징은 스토리가 있는 데 비해 「言う」는 한 마디만 하는 경우에도 쓸 수 있다는 차이점이 있다. 위의 문장에서는 어느 쪽이든지 쓸 수 있으나, 「話して」라고 말한 사람은 긴 이야기를 기대하는 것이며, 「言って」라고 말한 사람은 그 장소와 경위를 간결하게 대답하기를 기대하는 것이다.

또 「正直に」는 「거짓말하지 않고」라는 뜻이, 「率直に」는 「사양하지 않고」라는 뜻이 포함되기 때문에 어느 쪽인가는 경우에 따라 골라 쓰도록.

「말해 봐」를 직역해서 「言ってみろ」라고 해서는 경찰의 심문 같아 적당하지 않다. 여성은 물론 남성의 경우에도 품위있는 표현이 아니다.

그런데 아주 기초적인 사항이지만 「会う」의 조사를 한국어 그대로 직역하여 「を」라고 하지는 않았는지. 이것은 한국인이 자주 범하는 오류로 너무나 유명하다.

「만나다」는 그냥 「会う」라고 해도 되나, 1회적이고 중요한 만남에는 「出会う」라 하는 게 좋다.

3   일본인들은 식사하기 전에 꼭 「いただきます」라고 말합니다.
→ 日本人は食事の前に必ず「いただきます」と　**言います。**
話します(×)

문제 2에서 보았듯이 한 마디만 하는 경우에도 쓸 수 있는 것이 「言う」이고, 「話す」는 사용할 수 없다. 덧붙여 「話す」는 상대가 있어야 사용할 수 있으나 「言う」는 상대가 없어도 괜찮다. 따라서 「独り言を言う」의 경우에도 「言う」라고 해야지 「話す」는 사용할 수 없다.

4   남편은 그냥 「이제 됐다」고 그렇게 말했다.
→ 夫はただ「もういい」と　**そう**　　　**言った。**
そんなに(×)　　話した(×)
そんなふうに(×)

이 문장도 한 마디만 하는 것이므로 「言う」를 써야 한다. 「話す」는 오류가 된다.
여기서 또 하나 유의할 사항은 「そう」 부분이다. **문법편 제3장 문제 7**을 참조하기 바란다.
우선 「**そう**言う」는 앞의 이야기 내용을 그저 지시하는 것이므로,

- A : どうぞ。

  B : 結構です。

  C : まあ、<u>そう</u> (=結構ですと) 言わないで。

와 같이 사용한다.

「<u>そんなに</u>言う」는 그가 가리키는 정도가 심하다는 뜻으로,

- A : あんたは間抜けでばかで慌て者で……。

  B : <u>そんなに</u> (たくさん・ひどく) 言わないで。

와 같은 경우에 쓴다.

또한 「<u>そんなふうに</u>」(구어체) 「<u>そのように</u>」는 말하는 법·형용하는 법·말씨를 가리켜 한국어로는 「그런 식으로」에 해당한다.

- A : あなたはお人よしだ。

  B : <u>そんなふうに</u>言わないで。

    (=そのような形容をしないで。別の言い方をして。)

와 같은 경우에 쓴다.

이런 점에 유의해서 문제 문장을 보면, 남편은 그저 한 마디만 한 것뿐이지 그 가리키는 정도가 심한 것도 아니고 형용하는 법이나 말씨를 문제삼고 있는 것도 아니다. 따라서 「そう」가 알맞지 「そんなに」「そんなふうに」는 이 문장에 적합하지 않다.

5 우리도 이제 「노」는 「노」라고 확실히 말해야 한다.

→ 私たちももはや「ノー」は「ノー」とはっきりものを

言わなければならない。

言葉を話さなければ(×)

確実に話わなければ(×)

きっぱり言わなければ(○)

✎ 「말을 확실히 하다」는 「はっきりものを言う」이다. 「말하다」를 직역하여 「言葉を話す」라고 해서는 의미가 달라진다. 「はっきり<u>ものを言う</u>」는 **자신의 의견을 사양하지 않고 말하는 것**을, 「はっきり<u>言葉を話す</u>」는 **말의 발음을 명확하게 하는 것**을 뜻한다.

또한 「확실히」가 한자말이기 때문에 그대로 일본어 한자 「確実^{かくじつ}に」로 옮기기 쉬우나 그것도 오류가 된다. 「はっきり言う」는 「**사양하지 않고**」라는 뜻이지만 「確実に言う」는 「**발음·문법·내용에 오류가 없도록**」이라는 뜻이다.

문제 문장에서는 「일본식으로 애매하게 거절할 게 아니라 우리의 의견을 솔직히 주장하자」는 뜻이므로 「はっきりものを言う」가 옳다. 「거절하는 것」에 주안을 두면 「きっぱり言う」도 좋다.

---

6 (일본 뉴스에서)

정부 대변인은 우리측 입장에 대해 다음과 같이 말했습니다.

→ <u>政府スポークスマン</u> は 日本側^{にっぽんがわ} の立場^{たちば} について

代弁人(×)　　　　　　　　我々側^{われわれ}(○)　　　　に対して(×)

　　　　　　　　　　　　　うち側(×)

　　　　　　　　　　　　　私側(×)

次のように述^のべました。

✎ 단어에 유의하자. 정부 「スポークスマン」은 「代弁人」이라고 하지 않는다.

「우리측」도 직역하면 「我々側^{われわれがわ}」이지만 일본에서는 보통 「日本側」라고 한다. 「我々」「我が」가 딱딱한 표현이기 때문이다. 일본 사람에게는 「우리말」은 「我々の言葉」라기보다 「日本語」이며, 「우리 회사」「우리 학교」는 「うちの会社」「うちの学校」이고 「我が社」
「我が校」는 공식적인 경우에 쓴다. 「우리집 사람」은 「うちの家
内」이다. 단, 「우리 집」이라고 할 때는 예외적으로 「我が家」라
고 해도 딱딱하지 않다. 한국인의 일본어가 딱딱하게 들리는 것
은 이러한 일상 용어의 쓰임에도 그 원인이 있는 것 같다.

그러나 「우리」를 「うち」로만 알고 이 문제 문장에서 「うち側」
로 해서는 안 된다. 「内側」의 뜻이 되기 때문이다. 또 「私側」라
고도 하지 않는다.

또한 「について」를 「に対して」로 하지는 않았는지. 이 구별에
대해서는 **문법편 제19장**을 참조할 것.

이 문장에서는 「말하다」로 「述べる」를 사용했다. 「述べる」
는 공적이고 딱딱한 말로 TV 뉴스・신문 등에서 「話す」
대신에 자주 쓰인다. 물론 「話す」「言う」라고 해도 좋다.

7 (필기 시험 문제에서)
「낙하산 인사」에 대해 말하시오.
→ (筆記試験問題で) 「天下り」について **述べなさい。**
話しなさい(×)
言いなさい(×)

「述べる」는 공적인 말로 사고의 결과를 말(입)로만 하는
것이 아니라 **글로 쓸 때에도 사용**한다. 문제 문장과 같이
필기 시험에서 「書く」 대신에 「述べる」라 해도 좋다.

8 종군 위안부로 끌려갔던 할머니가 마침내 자신의 경험을 자
세히 말하기 시작했다.

→ 従軍慰安婦として連れて行かれたお婆さんがついに自分
の経験をつぶさに **語り始めた。**

話し出した(×)

「語る」는 일의 시작부터 끝까지 어느 정도의 분량이 있는
내용을 이야기하는 것으로 「しゃべる」와는 차이가 있다.
「しゃべる」는 정리되지 않은 이야기를 말(입)로 하는 것으로 「수
다를 떨다」에 가까운 마이너스 평가의 느낌이 수반될 때가 있다.
예를 들면 다음과 같다.

• 授業中おしゃべりをしないように。

그러나 「しゃべる」가 항상 마이너스 평가라고는 할 수 없고, 가
벼운 일상 회화 속에서는 「話す」 대신에 자주 쓰이기도 한다.

• 教室では日本語でしゃべるようにしよう。

=話す

와 같은 경우, 마이너스 평가는 아니다.
문제 문장에서는 「語る」를 선택했는데 그것은 **어느 정도의 분
량이 있고 정리된 이야기**라는 것을 나타내기 위해서이다. 물론
그런 의미를 고려하지 않고 쉽게 「話す」나 「しゃべる」라고 해
도 되지만 기나긴 경험담을 말하기 시작했다고 했을 때는 역시
「語る」가 가장 잘 어울린다.

9 할머니의 흰머리가 그간의 어려움을 잘 말해 주고 있다.

→ お婆さんの白髪が　その間の　　苦労　を
　　　　　　　　　それまでの(○)　難しさ(×)

物語っている。
語っている(○)

「語る」는 말이나 글로만 아니라 **겉모습으로 나타내는 일**에도 쓸 수 있다. 이런 경우에는 「나타내다」의 뜻이므로 「話す」로 해서는 안 된다. 역시 모조리 「話す」라고 해결해 버리자는 식은 통용되지 않는 것이다.

「어려움」은 난이(難易)를 말하는 경우엔 「難しさ」로 해도 되나, 「고생」의 뜻으로 쓰일 때는 「難しさ」라고 해서는 안 된다. 「苦労」라고 해야 한다.

10 林先生は結構話せる。

→ 하야시 선생님은 꽤　**이해심이 많다.**
　　　　　　　　　　　말이 잘 통한다(○)
　　　　　　　　　　　학생들을 잘 이해해 준다(○)
　　　　　　　　　　　말할 수 있다(×)

「話せる」는 「話すことができる」지만 여기서는 「말이 통한다・이해해 준다」의 뜻이다. 「말할 수 있다」가 아니다.

11 ごみ問題について級友たちと （言い合った　**話し合った**　述
べ合った　語り合った　しゃべり合った）

　　여기까지 「話す」「言う」「述べる」「語る」「しゃべる」 단
독의 뜻을 보았다. 이제 「～合う」가 붙은 말을 생각해 보자.
「～合う」가 붙은 말은 그저 「서로 ～한다」의 뜻이 되지 않고 다
른 뜻을 갖게 되기 때문에 주의를 요한다.
우선 「話し合う」는 어떤 문제를 해결하기 위한 토론이며 같이
「話し合う」할 때에는 같은 주제를 가지고 행해진다. A씨도 B씨
도 C씨도 한 주제를 둘러싸고 각자 의견을 말하는 것이다. 문제
문장에서는 주제는 쓰레기 문제로 이것을 해결하기 위해 어떻게
하면 되는지 같은 반 친구와 토론한 것이므로 「話し合う」가 정
답이다.

12 昨日20年ぶりに戦友と会い、酒を飲みながらお互いに身の上
を （言い合った　話し合った　述べ合った　**語り合った**
しゃべり合った）

　　앞에서 본 「話し合う」가 하나의 공통된 주제를 가진다면
「語り合う」는 각자가 제각기 자신의 생각이나 경험을 일
방적으로 상대에게 전하는 일이다. A씨는 A씨의 이야기를 B씨
는 B씨의 이야기를 C씨는 C씨의 이야기를 각각 말하는 것이
다. 따라서 문제 문장에 나오는 「신상」이란 이야기는 「話し合う」
즉 토론할 문제가 아니고 서로 자신에 대해서 말하는 것이기 때
문에 「語り合う」인 것이다.

13 お互い自分の立場から (**言い合って** 話し合って 述べ合って 語り合って しゃべり合って) いるだけでは問題は解決に至らない。

 가장 오류가 많은 것이 「言い合う」이며, 이것은 「서로 말하기」는 하지만 요점은 **자기 주장**을 한다든지, **강하게 말한다**는 점에 있다. 따라서 「言い合いになる」라고 하면 말다툼하는 정도의 자기 주장이며 「話し合い」와 같이 **냉정(冷静)한 의견 교환은 아니다.**

이와 같이 「話し合う」「語り合う」「言い合う」는 각각 뜻이 달라 「서로 말하다」로만 알다가는 일본 사람에게 오해를 줄 우려가 있으므로 주의를 요한다.

정리

1. 하나의 표현으로 외우는 단어는 한쌍으로 외운다.
   正直に言って 率直に言って はっきり言って
   一言で言って(한 마디로 말해서) 言ってみれば(말하자면)
   何と言っても(뭐니뭐니해도)

2. 「話す」「言う」「述べる」「語る」「しゃべる」의 뜻과 특징을 고려해서 구분해서 쓰도록 하자.
   ① 話す : 스토리・줄거리가 있다. 상대가 있다.
   ② 言う : 한 마디라도 좋다. 상대가 없어도 좋다.

③ 述べる : 공식적・딱딱한 느낌. 글로 해도 좋다.

④ 語る : 처음부터 끝까지 어느 정도의 분량이 필요. 정리된 내용.
　　겉모습으로 나타내는 일도 있음.

⑤ しゃべる : 정리되지 않은 이야기. 수다를 떨다.

3. 「合う」가 붙은 말은 「서로 ~한다」는 뜻이 아니라 또 다른 뜻을 갖
게 되는 단어가 있으므로 주의한다. 주의를 요하는 단어는 다음과 같
다.

① 話し合う : 문제 해결을 위한 토론. 모두가 동일한 주제에 대해
토론한다.

② 語り合う : 각자가 각자의 화제・의견을 말한다.

③ 言い合う : 자기 주장, 냉정(冷静)한 의견 교환이 아님.

4. 「話す」「言う」「述べる」「語る」「しゃべる」와 같이 자주 쓰이는
지시사에 유의할 것.

① そう言う : 앞 이야기 내용의 단순한 지시.

② そんなに言う : 정도가 심하다.

③ そんなふうに言う : 말하는 법, 형용하는 법을 가리킴.

# わかる・知る / 알다

다음 한국어 문장을 일본어로 옮기시오.

1. 1년 살았다면 일본말 할 줄 알겠네요.

2. 중학생이라면 상대성 이론쯤은 알겠지요.

3. (상사) 「내일 9시에 오도록 해.」

   (부하) 「네, 알겠습니다.」

4. 8월 6일, 인류는 원폭의 무서움을 처음 알았다.

5. 이 실험으로 다음 사항을 알 수 있다.

6. 남이 알면 안 좋은 일이라도 있니?

7. 비슷한 우산이 많아서 어느 것이 내 것인지 알 수 없다.

    ●

8. A 「무라타 씨 주소 아니?」

    ●

    B 「수첩을 보면 알 수 있어.」

    ●

9. 김씨를 안다.

    ●

10. (부부싸움에서)

    「당신은 나를 전혀 몰라요!」

    ●

정답과 해설

「알다」는 일본어 「わかる」「知る」 두 가지로 크게 나눌 수 있다. 어느 것을 택하는가는 문장의 의미에 따라 다르겠으나 우선 여기서는 두 단어의 의미 차이를 표로 확인해 보자. 이 표를 보면서 다음 해설을 하나씩 읽어 나가기 바란다.

わかる	知る
이해	지식
상태동사 → ～ている형(△)	동작동사 → ～ている형(○)

자동사 → ～が	타동사 → ～を
승낙・동의	경험・체험
가능동사	…
…	피동형(←타동사)
구별・판명	…

1 1년 살았다면 일본말 할 줄 알겠네요.
→ 一年住んでいたなら日本語 <u>がわかる</u> でしょうね。
をわかる(×)
を知っている(×)

「わかる」「知る」의 의미 차이로 가장 중요한 것은, 「わか
る」는 **이해**이고 「知る」는 **지식**이라는 점이다. 「わかる」가
이해라고 하는 것은 겉만이 아니라 상대가 하는 말의 그 **내용・
내면**까지 이해한다는 것이므로, 문제 문장은 「わかる」가 맞는다.
가령,

• 日本語を<u>知っている</u>でしょう？

라고 하면, 「일본어라는 언어가 있다는 것을 알고 있느냐」라는
정도의 뜻이 되고, 「일본말을 듣고 그 내용까지 이해하는가」라
는 뜻은 되지 않는다.

여기서 또 알 수 있는 점은 앞에 보인 표에도 있듯이 「わ
かる」는 **상태**를 나타내므로 「わかっている」와 같이 보통
「～ている」형을 붙이지 않아도 되는데(단 「わかっている」는 다
른 뜻을 갖게 되는데 이에 대해서는 문제 3에서 살펴보기로 한다),
「知る」는 **동작**을 나타내는 동사이므로 현재 상태를 나타낼 때는

「～ている」형을 붙여야 된다는 점이다. 따라서 대답을 할 때는

- はい、わかります。 / いいえ、わかりません。
- はい、知っ<u>ています</u>。 / いいえ、知り<u>ません</u>。

과 같이 되기 때문에「知る」의 경우는 주의해야 한다.

✏️ 조사에 주목을 하면「わかる」는 자동사로「～<u>が</u>わかる」와 같이「が」를 쓰는데,「知る」는 타동사로「～<u>を</u>知る」와 같이「を」를 쓴다. 특히 한국어와 달리「～<u>が</u>わかる」라고 할 때「～をわかる」라는 오류를 범하기 쉬우니 이 점에 유의하자.

2 중학생이라면 상대성 이론쯤은 알겠지요.
→ 中学生なら相対性理論ぐらいは　知っていますよ。
　　　　　　　　　　　　　　　　　わかりますよ(△)

✏️ 문제 1과 크게 다른 점이 없어 보이지만 문장의 내용까지 상식적으로 잘 생각해 보면「わかる」를 쓰기 어렵다는 것을 알 수 있을 것이다. 앞에서도 보았듯이「わかる」는 내용까지 이해함을 뜻하는 데 비해,「知る」는 그런 말이 있다는 정도라면 그 내용까지 이해하지 않아도 된다는 것이다. 그런데「상대성 이론」이란 중학생 수준으로 과연「이해」할 수 있는 것일까? 말로 들어 본 적은 있어도 그것이 어떤 내용인지 설명할 수 있는 중학생은 아주 드물다. 따라서 이 문장에서는「知る」를 써야 한다.

3 (상사)「내일 9시에 오도록 해.」
→ (上司)「あした9時に来るように。」

> (부하) 「네, 알겠습니다.」
> → (部下) 「はい、**わかりました**。」
> わかっています(△)
> わかります(×)

🖋 문제 1에서 일단 「わかる」는 상태 동사이므로 「〜ている」를 붙이지 않아도 그대로 상태를 나타낸다고 설명했지만 사실은 「わかっています」「わかります」「わかりました」의 세 가지 형태가 가능하다. 단 그 의미가 다르기 때문에 경우에 따라 맞는 형태를 택해야 된다.

우선 「わかっ<u>ています</u>」는 붙이지 않아도 되는데 「〜ている」를 일부러 붙이고 있는 만큼 **당신이 말하지 않아도 이미 알고 있다**는 뜻이 첨가된다. 때로는 「나도 아는 걸 뭘 그리 시끄럽게 ……」라는 **감정을 나타내기** 때문에 주의를 요한다. 예를 들면, 시험 공부를 해야겠다고 하면서도 TV 앞에 앉아 있었는데 어머니가 와서

* 母「さっさと勉強しなさい。」

　子「わかっ<u>て(い)る</u>ってば。今やろうと思っていたのに。」

라는 회화가 어느 집에서나 있는데 이런 경우에는 「わかっています」가 어울린다.

그런데 문제 문장에서는 부하가 상사에게 대답하는 것이므로 이러한 말씨는 **무례한 표현**이 된다.

다음으로 「わかり<u>ます</u>」는 **이해**라는 뜻이므로 「당신이 말하고 있는 내용을 이해합니다」라는 뜻이 된다. 그러나 문제 문장에서는 상사의 말(9시에 오라)을 이해하느냐가 문제가 아니고, 9시에 오느냐가 대답의 초점인 것이다.

여기서 「わかる」의 두 번째 의미, **승낙·허락**이 등장한다. 상대
의 요청에 대해 「하겠습니다. OK입니다」라고 할 때 「わかりま
し<u>た</u>」라고 한다. 한국어의 경우 「알겠습니다」가 적당한 표현이
며 「알<u>았</u>습니다」는 오히려 실례가 되는 점은 일본어와 정반대
가 되는 셈이다.

어미가 「ます」「ました」「ています」로 바뀜에 따라 의미 차이
가 생기고 또 실례가 되는 경우도 있으니 신경을 써야 한다.

4　8월 6일, 인류는 원폭의 무서움을 처음 알았다.
　　→ 8月6日、人類は原爆の怖ろしさを初めて　**知った**。
　　　　　　　　　　　　　　　　　　　　　わかった(△)

　　이 문장에서는 「知る」의 두 번째 의미로 **경험·체험**을 들
　　어 보자. 이성으로 이해하는 「わかる」에 대해 「知る」는 실
제 몸으로 경험하는 것을 뜻한다. 예를 들면,
　　• 私が初めて酒の味を<u>知った</u>のは16の時だった。
는 「처음으로 술을 경험했다」. 즉, 「처음 술을 마셨다」는 뜻이
다. 그런데 「わかる」를 사용하여
　　• うちの父は酒の味が<u>わかる</u>。
라고 하면 「좋은 술인지 나쁜 술인지 판별할 수 있다」는 뜻이
되어 「知る」와는 전혀 다른 뜻이 된다.

문제 문장에서는 원폭의 무서움을 머리로 이해한다거나 지식으
로 안다는 뜻이 아니라 직접 경험했다는 의미에서 「知る」를 썼
다.

5　이 실험으로 다음 사항을 알 수 있다.
　→ この実験で次の事柄が　**わかる**。
　　　　じっけん　　　　ことがら
　　　　　　　わかることができる(×)

🖊️　한국어로 「알 수 있다」라고 해서 직역하여 「わかることが
　　できる」라고 표현하는 오류다. 그러나 앞에 보인 도표에서
보았듯이 「わかる」는 가능동사이므로 「〜ことができる」를 붙이
지 않아도 「わかる」만으로 가능의 뜻을 가진다. 따라서 **문법적**
으로 「わかることができる」는 **잘못이다.**
그런데 「知る」는 가능동사가 아니므로 「知ることができる」라고
할 수 있다.

6　남이 알면 안 좋은 일이라도 있니?
　→ **人に　知られると　　まずい**　ことでもあるの？
　　　わかられると(×)　**良くない**(○)
　　　人が知ると(○)

🖊️　기본적으로 「わかる」는 자동사이므로 피동은 만들 수 없
　　지만 「知る」는 타동사이므로 「知られる」라는 피동형이 가
능하다. 따라서 여기서는 기본에 충실하게 「知られる」를 선택하
면 된다.
그런데 일본어 피동(受け身)에는 자동사도 피동이 될 수 있는
　　　　　　　　　　　　　う　み
「피해 피동(迷惑の受け身)」이 있다는 것은 이미 알고 있을 것이
　　　　めいわく　う　み
다. 예를 들면,

　• 帰り道で雨に**降られて**びしょぬれになった。
　• 幼い頃母に**死なれて**苦労をした。
　　おさな

와 같은 경우이다. 이런 피동이라면 자동사 「わかる」도 「わかられる」라는 피동형을 만들어 「싫다·난처하다·귀찮다·곤란하다」 등의 감정을 나타낼 수 있다. 예를 들어서 침략을 직접 당한 할머니에게 아무것도 모르는 일본 사람이 찾아와서,

• **わかります**。お気持ちはよく**わかります**。

라고 너무나 쉽게 동정을 하면 어떨까? 표면적인 말만 잘한다고 할머니는

• 何も知らないあなたにそんなに簡単に**わかられ**たくありません。

이라고 느끼지 않을까? 이해해 주는 것도 싫을 때가 있으면 「迷惑の受け身」로 표현할 수 있다.

7 비슷한 우산이 많아서 어느 것이 내 것인지 알 수 없다.
→ 似たような傘が多くてどれが自分の傘か **わからない**。
知らない(×)

사람들이 많이 모이는 곳에서 남의 우산과 내 우산의 구별을 할 수 없는 경우이다. 「わかる」의 세 번째 뜻으로 **다른 것과 구별할 수 있다**는 뜻이 있다. 내 우산이 어느 것인지는 물론 머리로 알고 있으나 비슷한 우산이 많아 「헷갈린다, 구별할 수 없다」는 문장이기 때문에 「わからない」가 정답이다. 내 우산인데 「知らない」할 리가 없다.

8 A「무라타 씨 주소 아니?」
→ 「村田さんの住所、知っている？」

B「수첩을 보면 알 수 있어.」
→「手帳を見れば **わかる** よ。」
知っている(×)
知る(×)

이것은 좀 어려운 문제이다. 「知る」든지 「わかる」든지 좋을 것 같지만, 실은 「わかる」에는 「어떤 수단을 통해서」 아는 경우에도 쓸 수 있다는 특징이 있는 데 비해, 「知る・知っている」는 지금 현재 알고 있나 없나가 초점이라는 차이가 있다. 어떤 수단을 통해, 혹은 어떤 조건하에 알 수 있다는 예로 다음과 같은 것이 있다.

- 行けばわかりますよ。
- 大人になったらわかることだ。
- レントゲンを見ても医者はガンであることがわからなかった。

이들은 「知る」로 대치할 수 없다.

9 김씨를 안다.
→ ①金さんがわかる。
②金さんを知っている。

한국어 문장은 하나지만, 일본어로는 두 가지를 만들 수 있는 경우가 있다. 우선,
- ① 金さんがわかる。

의 경우 「わかる」의 의미 차이로 인해 두 가지 해석이 가능하다. 하나는 **이해**라는 의미로 「김씨의 성격이나 심정을 이해한다」는 뜻으로 이런 경우

• 金さん**のこと**がわかる。

와 같이 「のこと」를 덧붙일 때가 많다.

두 번째는 다른 것과의 **구별**이란 의미로 「많은 사람들이 모여 있는데 그 가운데서 김씨를 분간할 수 있다」는 뜻이 된다. 이런 경우는 「のこと」는 쓰지 않는다.

두 번째는

• ② 金さんを知っている。

인데, 이 문장은 「김씨를 만나 본 적이 있다」라든가 「소문·이름 정도는 들어 본 적이 있다」이다. 따라서 김씨의 성격이나 심정을 이해하는 것과는 상관이 없다. 또 이 경우에도 「のこと」를 덧붙여,

• 金さん**のこと**を知っている。

라고 해도 된다.

하나의 한국어로 두 가지 일본어가 만들어질 때는 그 상황이 어떠한가를 고려해서 거기에 맞는 표현을 골라서 쓰도록 하자.

10 (부부싸움에서)

「당신은 나를 전혀 몰라요!」
  → ① あなたは私のことが全然わからないのよ。
  ② あなたは私のことを全然知らないのよ。

이 문장도 문제 9와 마찬가지로 뜻에 따라 두 가지 일본어를 만들 수 있다. 우선 문제 9의 「わかる」에서 보았듯이 「のこと」를 수반하는 「わかる」는 **이해**의 뜻으로

• ① あなたは私のこと**が**全然わからないのよ。

라는 문장은 「당신은 내 마음을 전혀 이해해 주지 못하세요!」
라고 불평을 하는 것이다.

 그리고 「知らない」를 써서
• ② あなたは私のこと**を**全然知らないのよ。

라고 하면 문제는 더 심각해진다. 「知らない」라고 하면 「만나
본 적이 없다·들어 본 적이 없다」는 뜻인데 부부 싸움인 이상
「아내를 만나본 적이 없다」거나 「들어 본 적이 없다」는 것은 이
상하다. 그러면 남편이 무엇을 모른다는 것일까? 그것은 「당신
이 모르는 다른 내가 있다」는 것 즉, 「당신은 나를 현모양처로
알고 있겠지만 사실 나는……」이라고 숨겨 온 비밀을 토로하기
시작하는 것일지 모른다.

「わかる」「知る」는 가장 빈번하게 잘 쓰는 단어이면서도 한국인이
틀리기 쉬운 말이기도 하다. 그런데 「酒の味がわかる」와 「酒の味を知
る」, 「金さんがわかる」와 「金さんを知る」가 전혀 다른 뜻을 갖고 있
어 오해를 일으킬 우려 또한 많다.
우선 「わかる」와 「知る」가 뜻이 확실히 다르다는 것을 설명한 「わか
る·知る」 비교 도표를 참고로 다시 확인하기 바란다.

7 思う・考える / 생각하다

다음 한국어 문장을 일본어로 옮기시오.

1. 멀리 있어도 나는 언제나 당신을 생각하고 있습니다.
   ➡

2. 장래에 대해 진지하게 생각해 봐라.
   ➡

3. 다리가 불편한 사람들의 편의도 나라가 생각해야 한다.
   ➡

4. 일본이 전후 보상을 해야 한다고 생각합니다.
   ➡

5. 잘 지내고 있나 해서 편지를 부쳤습니다.
   ➡

6. 오늘은 비가 안 왔으면 싶다.
   ➡

7. 범인은 자백하지 않을 것이라고 봅니다.
   ➡

8. 그 말이 농담인 줄 알았다.

   ⟹

9. 미국에서는 제도적 차별이 없는 것으로 알고 있다.

   ⟹

정답과 해설

「思う」「考える」는 둘 다 「생각하다」로 한국인 학습자에게는 구별하기 어려운 단어이다. 문장이나 내용에 따라 어느 것을 쓸지 결정되므로 아무것이나 「考える」로 해결하는 습관은 버려야 한다.
또한 한국어의 「생각하다」 외에도 일본어로 바꿀 때 「思う」「考える」를 쓰게 되는 단어가 몇 개 있는데 그것도 같이 살펴보자.

1 멀리 있어도 나는 언제나 당신을 생각하고 있습니다.

→ 遠<とお>くにいても私はいつも <u>あなたのことを</u>   ① 思って

　　　　　　　　　　　　　　あなたを(△)　　② 考えて(△)

います。

우선 「思う」든지 「考える」든지 **명사 뒤에** 「~のことを」를 붙이도록 하자. 「思う」와 「考える」의 가장 중요한 차이점은, 「思う」는 **감정적 · 감각적**인 데 비해 「考える」는 **논리적**이라는 점이다. 그래서 문제 문장도 「생각」하는 내용에 따라 「思う」「考える」를 구별해서 써야 한다. 우선

• ① あなたのことを<u>思って</u>います。

는 **마음으로** 생각하는 것들, 느끼는 것들. 예를 들면, 「당신을 사랑한다」라든가 「지금 어디서 무엇을 하고 있을까」 등을 말한다.

- ② あなたのことを**考えて**います。

리고 하면, **시고(思考)**를 나타내므로 **머리로** 생각하는 것들. 예를 들면, 어머니가 아이를 생각해서 「장래를 위해 어느 학교에 보낼까」「공부는 몇 시간 시킬까」「가정 교육은 어떻게 시킬까」라는 문제들이다. 이러한 문제는 그냥 걱정을 하는 것이 아니라 「무엇을 어떻게」라는 사고를 필요로 한다는 것이 ①의 「思う」와 다르다.

2 장래에 대해 진지하게 생각해 봐라.
→ 将来についてまじめに **考えて** みなさい。
思って(×)

그 다음으로 「思う」가 **자발적**으로 생기는 것이라면 「考える」는 **의도적・능동적** 행위라는 점이다. 따라서 문제 문장과 같이 「〜について」라든가 「〜てみる」와 같이 능동적인 「생각」을 나타낼 경우에는 「思う」는 쓸 수 없다.

3 다리가 불편한 사람들의 편의도 나라가 생각해야 한다.
→ 足が不自由な人々の便宜も国が **考え** なければならない。
思わ(×)

이 문장의 「생각하다」도 「**고려하다**」는 의미로 **논리적・능동적**인 경우이므로 「考える」로 해야 맞는 표현이다.

4

> 일본이 전후 보상을 해야 한다고 생각합니다.
> → 日本は戦後補償をすべきだと **思います**。
>   　　　　　　　　　　　　　　 **考えます(○)**

「考える」가 논리적이라면 이런 문장은 「考える」가 맞지 않느냐고 할지도 모른다. 그러나 한 가지 알아 둘 것이 있다. 「~라고 생각합니다」는 대개 일본인들 사이의 회화에서는 「~と思います」라고 한다는 점이다. 비록 그 내용이 논리적·능동적이라 할지라도 **자신의 견해·의견을 말할 때에는 「思う」를 쓰는 것이** 부드럽고 좋다. 그 뉘앙스는 「나에게는 ~라고 생각되지만 당신의 의견은 다를지도 모르니 강요하는 것은 아닙니다」라는 것이다. 일본인은 강한 자기 주장을 기피한다. 그래서 이런 표현 방법을 좋아하는 것이다. 이것은 일상 회화는 물론 학자들의 논문에서 그 학자가 주장하고자 하는 가장 중요한 부분에 대해서도 쓰이는 것이라 「~と思う」의 중요성은 알 만하다. 물론 논문의 경우 「考える」를 써도 문제는 없으나 반대로 일상 회화에서 「考える」를 쓰는 것은 너무 자신 만만한 느낌을 주거나 「그리 중요하지 않은 일을 무엇을 그렇게 강하게 주장하느냐」는 반발을 일으키기 쉽다. 예를 들면,

- 安物は長もちしない**と考えます**。

  (싸구려는 오래 가지 않을 거라고 생각합니다.)

라는 문장은 너무 딱딱하다. 일상 회화에서 쓴다면, 한국어로

- 싸구려는 오래 안 갈 것 같아요.
- 싸구려는 오래 안 갈 거예요.

라고 표현하지 않을까? 그것이 바로 「~と思う」인 것이다.

- 安物は長もちしない**と思います**。

따라서 일본인들의 「～と思います」는 「～라고 생각합니다」와 같은 강한 자기 주장이 아니라 오히려 **주장을 약화시키려는 표현**임을 알아 두자.

5 잘 지내고 있나 해서 편지를 부쳤습니다.
→ <u>元気でやっている</u>　かな　**と思って**　手紙を送りました。
よく過ごしている(×)　　と考えて(△)
として(×)

한국어에는 「생각하다」 외에도 「思う」 「考える」로 표현하는 단어가 몇 개 있는데, 첫째는 「～인가 (～ㄹ까) 하다」이다. 이것은 「～か (な) と思う」인데, 보통 「하다」는 「する」에 대응하지만 이것은 예외다.

• 슬슬 갈까 하는데요.
　　→ そろそろ行こう<u>かと思う</u>のですが。
와 같이 쓴다.

6 오늘은 비가 안 왔으면 싶다.
→ 今日は雨が降らなければいいと　**思う。**
考える(△)
欲しい(×)

둘째는 「～면 싶다」로 「～ば (いい) と思う」이다. 「싶다」를 쓰는 문형에서 가장 기본적인 것이 「～하고 싶다」로 「～したい」가 되는데, 그 외에 **희망**을 나타내는 문제 문장과 같은 유형이나 **감탄·추측**을 나타내는 유형에는 「思う」가 해당한다.
예를 들면

- 같이 가 봤으면 싶어요. (희망)
  → 一緒に行ければと<u>思います</u>。
- 웃는 얼굴이 예쁘구나 싶었다. (감탄)
  → 笑顔がかわいいなあと<u>思った</u>。
- 친구가 오늘 찾아오지 않을까 싶다. (추측)
  → 友達が今日訪ねてくるのではないかと<u>思う</u>。

와 같다. 이런 「싶다」는 마음의 느낌들이어서 「考える」로 하면
어색하다.

7　범인은 자백하지 않을 것이라고 봅니다.
　　→ 犯人は自白しないだろうと　思います。
　　　　　　　　　　　　　　　　見ます(△)

「보다」 하면 우선 「見る」가 떠오르는데 「추측+~라고
봅니다」 하면 「~と思います」가 적당하다. 이유는 문제 4
의 해설에서 설명했다. 그런데 「見る」에도 자신의 추측을 나타
내는 뜻이 있어 「~と見る」가 가능하지만, 이 문형은 **전문가가**
견해를 말할 때나 **주체가 없거나 다수**인 문장에서 자주 쓰인다.
예를 들면,

① 정치 평론가의 말
  - 정국의 안정은 어렵다고 봅니다.
    → 政局の安定は難しいと見ます。
② 판단하는 주체가 없거나 문장에 안 나오는 문장
  - 태풍은 남해안을 지나갈 것으로 보입니다.

<ruby>台風<rt>たいふう</rt></ruby>は<ruby>南海岸<rt>みなみかいがん</rt></ruby>を<ruby>通過<rt>つうか</rt></ruby>する**と見られます**。

와 같다. 한국어에서는 일반 시민이 자신의 추측·견해를 「～라고 봅니다」를 써서 표현할 수 있지만 일본어에서 이 표현은 특별한 용법으로 제한적으로 쓰인다. 일반인이 「～と見ます」라고 하면 전문가연해서 오해를 살 우려가 있다.

8 그 말이 농담인 줄 알았다.
→ その<ruby>言葉<rt>ことば</rt></ruby>は<ruby>冗談<rt>じょうだん</rt></ruby>かと **思った**。
知った(×)
わかった(×)

「알다」하면 우선 「知る」「わかる」를 생각할 수 있는데, 「～는 줄 알다」「～인 줄 알다」는 「知る」「わかる」보다 「思う」에 해당한다. 예를 들면,

• 내가 거짓말하는 **줄 알아요?**
→ <ruby>私<rt></rt></ruby>が<ruby>嘘<rt>うそ</rt></ruby>をつく**と思いますか**。
• 시장에 **간 줄 알았어요.**
→ <ruby>市場<rt>いちば</rt></ruby>へ<ruby>行<rt>い</rt></ruby>った**かと思いました**。

와 같다. 「～かと思った」의 「か」가 있는 경우는 **실제는 아니었**다는 뜻으로 「か」가 들어가지 않는 것과 약간의 차이를 보인다.

9 미국에서는 제도적 차별이 없는 것으로 알고 있다.
→ アメリカでは<ruby>制度的差別<rt>せいどてきさべつ</rt></ruby>はないと **<ruby>聞<rt>き</rt></ruby>いて** いる。
<ruby>知<rt></rt></ruby>って(×)

「〜로 알다」에 대해서는 그 내용에 따라 「〜と聞く」「〜と思う」를 선택해야 하는데, 「知る」를 쓰는 경우는 극히 드물다. 문제 문장에서는 「知る」를 쓰지 않고 「聞いている」를 쓰는데, 이것은 자신의 지식을 문제삼는 문장이 아니라 **남에게 들은 이야기로 알고 있다**는 문장이기 때문이다.

또,

- 굳이 반대할 사람은 없는 것으로 알아요.

  → 敢えて反対する人はいないと思います。

는 자신의 **독단**이지 정확한 사실로 아는 것이 아니기 때문에 「思う」가 맞는다.

1. 「思う」「考える」는 차이가 있으므로 때에 따라 구별해서 쓰는 것이 중요하다.

思う	考える
• 감각적, 감정적	• 논리적
• 마음의 작용	• 머리의 작용
• 자발적	• 능동적, 적극적
• 恋人のことを思う。	• 子供の将来のことを考える。
(보고 싶다, 사랑한다……)	(교육을 어떻게 시키느냐, 시집은 어디로 보내느냐……)

2. 일본인은 「~と思う」라는 표현으로 자기 주장을 약화시키는 경향이 있다. 이것은 「~라고 생각하다」가 아니라 한국인의 회화에 자주 나오는 「~인 것 같다」 「~일 것이다」에 해당한다.

3. 한국어의 다음 표현에는 「思う」를 쓴다.
   ① ~ㄹ까 하다 : ~かと思う
   ② ~면 싶다 : ~ば(いい)と思う(희망)
   ③ ~구나 싶다 : ~(な)と思う(감탄)
   ④ ~ㄹ까 싶다 : ~ではないかと思う(추측)
   ⑤ ~라고 보다 : ~と思う(추측・견해)
      「~と見る」는 전문가의 견해에 씀.
   ⑥ ~는 줄 알다 : ~と思う
   ⑦ ~ㄴ 줄 알다 : ~かと思う
      「か」는 「사실은 그게 아니었다」는 뜻.
   ⑧ ~로 알다 : ~と聞いている・~と思う

する / 하다

다음 한국어 문장을 일본어로 옮기시오.

1. 신칸센(新幹線)이 빠르기로서니 프랑스 TGV보다 빠르지 않다.

2. 아무리 바쁘기로서니 편지를 쓸 시간쯤은 있을 것이다.

3. 그 사람이 아무리 냉정한 사람이라손 치더라도 조금쯤은 모금에 돈을 내겠지요.

4. 집 근처에 슈퍼가 생겼다 하더라도 일본인들은 꼭 단골 야채 가게에서 산다고 한다.

5. 아무리 자기 집이라 하더라도 알몸으로 다니는 것은 보기 흉하다.

6. 졸업하면 취직하려고 합니다.

7. 결혼식이 막 시작되려고 할 때 주례 선생님이 겨우 들어오셨다.

   ◯

8. 공부하려고 할 때 어머니한테 공부하라고 야단맞았다.

   ◯

정답과 해설

「하다」는 「する」이다. 그러나 사실은 「하다」의 의미 영역은 「する」보다 더 커서 「하다」=「する」라고 해서는 오류가 되는 문형이 몇 가지 있다. 여기서 우선 「〜기로서니」와 「〜다손 치더라도」의 차이점을 염두에 두고 그 다음에 「〜다 해도」의 일본어를 생각해 보자. 그리고 「하다」를 일본어로 옮길 때 범하기 쉬운 오류를 살펴보고 「하다」=「する」라는 고정 관념에서 벗어나도록 하자.

1 신칸센(新幹線)이 빠르기로서니 프랑스 TGV보다 빠르지 않다.

→ 新幹線が 　速い　　　と言っても、フランスのTGVほど
　　　　　　　早い(×)　　としても(×)

速くはない。

우선 작은 실수를 점검하자. 「빠르다」는 「はやい」인데 한자는 「速い」를 써야 한다. 「早い」는 「이르다」의 경우에 쓴다. 그리고 부정형 「보다」는 「ほど」로 하는 것이 원칙이다.

한국어 원문의 「~기로서니」는 **앞문장을 일단 인정하면서** 그러나 뒷문장을 주장하는 표현이다. 이에 대응하는 일본어는 「~と(は)**言っても**」가 된다. 즉, 「신칸센이 빠르다는 것은 일단 인정하지만 그보다 더 TGV가 빠르다」고 하는 뜻이다. 그런데 여기서 유사 표현인 「~としても」를 쓰면 어떤 뜻이 될까? 「~としても」는 한국어 「~다손 치더라도」에 해당하며 **앞문장을 가정하면서** 뒷문장을 주장하는 표현이다. 문제 문장에서

• 新幹線が速い<u>としても</u>フランスのTGVほど速くはない。

와 같이 「~としても」를 쓰면, 「신칸센이 빠르다고 가정해도」라는 뜻이 된다. 즉, 신칸센이 빠르다는 것을 인정하지 않거나 모르는 셈이다.

2 아무리 바쁘기로서니 편지를 쓸 시간쯤은 있을 것이다.

→ いくら忙しい　と言っても　手紙を書く時間ぐらいはある
　　としても(ㅇ)

だろう。

마찬가지로 한국어 「~기로서니」의 뜻을 살린다면 앞문장을 일단 **인정**하는 「~と言っても」를 써야 한다. 상대가 바쁜 것은 인정하고 이해하는 뉘앙스이다.

그런데 만약 **가정**의 뜻인 「~としても」를 쓰면 어떨까? 「당신이 바쁘다고 하니까 그렇다고 가정해도 편지쯤은 보내 주어도 되지 않겠는가」라고 상대가 바쁜 것은 끝까지 **가정**이고 자신은 받아들인 것은 아니다. 즉, 이해하지 않는다는 뉘앙스가 된다. 이와 같이 「~と言っても」와 「~としても」의 차이가 말하는 이

의 입장을 나타내며 그 말이 상대에게 주는 인상도 반대가 되는 경우가 있으므로 주의를 해야 한다.

---

3 그 사람이 아무리 냉정한 사람이라손 치더라도 조금쯤은 모금에 돈을 내겠지요.

→ あの人がいくら冷たい人だ **としても** 　少しくらいは
　　　　　　　　　　　　　　　と言っても(×)

募金(ぼきん)にお金(かね)を出すでしょう。
募金するでしょう(○)

✎ 원문이 「～다손 치더라도」이기 때문에 가정의 뜻인 「～としても」로 해야 맞는다. 뜻은 「그 사람이 만약 냉정한 사람이라고 가정해도」이므로 냉정하다고 보지 않는 것이다.

그런데 여기서 앞문장을 일단 인정하는 「～기로서니」에 해당하는 「～と言っても」를 써서

• あの人がいくら冷たい人だ **と言っても** 少しくらいは募金するでしょう。

라고 하면, 그 사람이 냉정하다는 것을 인정하는 뜻이 된다.

정리해 보면 다음과 같다.

• ～기로서니 … 인정 「～と言っても」
• ～다손 치더라도 … 가정 「～としても」

---

4 집 근처에 슈퍼가 생겼다 하더라도 일본인들은 꼭 단골 야채 가게에서 산다고 한다.

→ 家の **近く** にスーパーができた **としても** 日本人は
　　近所(○)　　　　　　　　　　と言っても(×)

　　必ず行きつけの **八百屋** で買う **という**。
　　　　　　　　　野菜屋(×)　　　とする(×)

🖉 이제 「하다」가 등장한다. 「하다」는 의미 영역이 넓어서 일본어로 옮길 때 그 내용을 고려해서 「言う」인지 「する」인지 선택해야 한다. 위에서 보았듯이 **일단 인정한다면** 「～と言っても」, **가정한다면** 「～としても」가 **된다.**

문제 문장은 일본인이 다른 선진국에 비해 대규모 슈퍼보다 단골 가게를 선호한다는 문장인데 「**만약** 집 근처에 대형 슈퍼가 생겼다 하더라도」라는 가정의 뜻이므로 「としても」를 선택한다. 여기서 「近くにスーパーができたと言っても」라고 **인정의** 「～と言っても」를 쓰면 슈퍼는 실제로 어떤 곳에 생겼다는 이야기가 되고 만다.

🖉 그런데 문장 끝의 「～라고 한다」 부분도 틀리기 쉽다. 이 문장은 들은 이야기, 즉 「**전문(伝聞)**」이기 때문에 「～と言う」가 맞는다.

만약 「～とする」라고 하면 이제까지 보았듯이 「する」에 **가정의** 뜻이 포함되기 때문에 「슈퍼에서보다 단골 가게에서 산다고 치자」라는 뜻으로 변해 버린다.

5

아무리 자기 집이라 하더라도 알몸으로 다니는 것은 보기 흉하다.

→ いくら自分の家だ <u>と言っても</u> 裸で歩くのはみっともない。
としても(×)

✎ 이 문장도 원문이 「~다고 하더라도」로 역시 「~と言っても」인지 「~しても」인지 기계적으로 들어맞게 할 수는 없다. 내용상 「이곳은 내 집이다. 자유롭게 행동할 수 있다. 그러나 아무리 자유가 있다고 해도, 자유가 있기는 하지만, 옷을 입지 않은 채 어슬렁거릴 수는 없다」는 뜻이고 자유롭다는 점은 **일단 인정**하기 때문에 「~と言っても」가 맞는다.

이제까지 보았듯이 「~한다 해도」 「~다고 하더라도」는 「~と言っても」인지 「~としても」인지 문장 내용을 고려해야만 선택할 수 있는 문형이며 기계적으로 「하다」=「する」로 해서는 안 된다. 특히 「~と言っても」를 쓰지 못하는 경향이 있다. 어느 쪽인지 망설일 때는 한국어에서도 구별이 있는 「~기로서니」와 「~다손 치더라도」로 대치하여 생각해 보는 것도 하나의 방법이다.

6

졸업하면 취직하려고 합니다.

→ 卒業 <u>したら</u> 就職 <u>しようと思います</u>。
すると(×)   しようとします(×)

✎ 우선 「하면」을 「すると」라고 해서는 안 된다. 「と」는 반드시 일어나는 일에 쓰는 문형이기 때문이다. 이에 대해서는 **문법편 제7장, 제8장**에서 자세히 살펴보기로 한다.

여기서 「하다」=「する」라고 착각하는 데서 일어나는 오류를 또 하나 볼 수 있다. 「～ようとする」「～ようと思う」인데 이것은 한국어로 둘 다 「～하려고 하다」로 통하지만 일본어에서는 이 두 가지 문형을 엄밀히 구별해야 한다.

우선 문제 문장에서 지금 졸업하기 전의 시점에서 장래 예정을 **마음속으로 생각**하는 상태이다. 따라서 「～ようと<u>思う</u>」라고 해야지 「～ようとする」는 오류이다.

7 결혼식이 막 시작되려고 할 때 주례 선생님이 겨우 들어오셨다.

→ 結婚式が始まろう <u>とした</u> 時、やっと仲人^{なこうど}さんが入っ

と思った(×)

ていらっしゃった。

한편 「～ようとする」는 **행동의 바로 직전**을 나타내는 표현이다. 마음속으로 생각하는 것이 아니라 어떤 행동이 막 일어날 바로 그 순간의 일이다.

문제 문장의 경우 「지금 막 결혼식이 시작되려고 할 때」이므로 「～ようとする」가 된다. 누군가 마음속으로 결혼식을 시작하려고 **생각**하는 것은 아니기 때문에 「～ようと思う」는 오류이다. 이와 같이 「～ようとする」는 무생물이 주어가 될 수 있는 데 비해 「～ようと思う」는 쓸 수 없다. 무생물은 당연히 **생각**할 수 없기 때문이다.

8   공부하려고 할 때 어머니한테 공부하라고 야단맞았다.
→ ① 勉強しようと思った時、母に勉強しなさいと叱られた。
② 勉強しようとした時、母に勉強しなさいと叱られた。

이런 문장의 경우 「～ようと思う」「～ようとする」 둘 다 쓸 수 있다. 그러면 문장의 뜻은 어떤 차이가 있을까?

우선 ① 「～ようと思う」를 쓴 경우, **마음속으로** 생각했을 뿐, 몸은 혹 TV를 보고 있었는지 모른다. 따라서 어머니가 야단치는 것도 당연하다고 할 수 있다.

한편 ② 「～ようとする」를 쓴 경우, **행동의 직전**을 뜻하므로, TV를 끄고 책상 앞에 앉아 교과서를 손에 들었을 때였는지 모른다. 그런데도 어머님이 야단치니까 아이는 억울하게 느꼈을 것이다.

이와 같이 마음속으로 생각만 하는 것인지 행동으로 옮기기 직전인지에 따라 말이 달라진다는 점에 유의하자. 예를 들면,

• 車に乗ろうと<u>思ったら</u>鍵がないことに気づいた。

라면, 아직 집에 있는 상태에도 말할 수 있으나,

• 車に乗ろうと<u>したら</u>鍵がないことに気づいた。

라면 차를 타기 직전, 즉 집 안에서 나와 차 옆에 서서 열쇠를 꺼내려고 했을 때에 하는 말이라고 할 수 있다.

1. 「~다고 해도」에는 두 가지 있다.
   ① 「~と言っても」 … 앞문장을 일단 인정한다. 「~기로서니」로
      대치할 수 있다.
   ② 「~としても」 … 앞문장을 가정할 뿐, 인정은 하지 않는다.
      「~다손 치더라도」와 대치할 수 있다.

2. 「~하려고 하다」에는 두 가지가 있다.
   ① 「~ようと思う」 … 마음속으로 생각한다. 무생물은 주어가 될
      수 없다.
   ② 「~ようとする」 … 행동의 직전. 무생물도 주어가 될 수 있다.

일대일의 대응이 많은 한일어이지만, 「하다」= 「する」로만 아는 데에
서 오류가 생길 때도 많다. 특히 「하다」를 「言う」나 「思う」로 해야
하는 데 모두 「する」로 해결해 버리는 경향이 있는데 앞으로는 「하다」
의 의미 영역이 넓다는 것, 그리고 그 문장에서의 뜻을 잘 생각해서
일본어 문장을 만드는 연습을 하기 바란다.

 # する・される/되다

다음 한국어 문장을 일본어로 옮기시오.

1. 아시안 게임은 広島^{ひろしま}에서 開催될 것이 確認되었으나, 일본 국가 대표 선수들에 의해 記録돼 온 타임은 期待되었던 것보다 向上되지 않았다.

   ○

2. 양국간 관계가 悪化된 것은 우리나라가 시장으로 成長되고 교통이 発達된 데에 비해 미국의 성장이 鈍化된 데에 기인한다.

   ○

3. 학교측과 対立되었던 교직원 조합이 교재 선택에 関連된 비리 문제로 교장을 고소했다.

   ○

4. 하나의 민족이면서 分断된 채인 우리나라가 다시 統一되기 위해서는 북한의 핵문제가 解決되어야 한다는 것이 위원회의 共通된 인식이다.

   ○

5. 이번에 発見된 유물은 대류 문화와 直結되는 것으로 注目되고 있고 다음달 일반에게도 公開될 것이 決定되었다.

   ○

정답과 해설

「한자말＋되다」는 쉬워 보이면서 오류가 많다. 「되다」 부분을 「する」로 할지 「される」로 할지가 문제가 된다. 이것은 한국어에서는 자동사도 피동도 「되다」 하나로 나타낼 수 있는 데에 기인하는데, 잘못 쓰면 일본어에서는 있을 수 없는 표현이나 뜻이 되어 오해의 우려가 있으니 잘 생각하고 써야 한다. 그러면 어떻게 구별하면 되는지 알아보겠는데, 문제 문장은 될수록 많은 예를 들기 위해 자연스러운 일본어라고 말하기 어려운 부분이 있지만 미리 양지해 주기 바란다.

1 아시안 게임은 広島(ひろしま)에서 開催될 것이 確認되었으나 일본 국가 대표 선수들에 의해 記録돼 온 타임은 期待되었던 것보다 向上되지 않았다.

→ **アジア大会**　　　は　　広島(ひろしま)で　**開催(かいさい)される**　　ことが
　アジアンゲーム(×)　　　　　　　　　　　타동사 → 피동형

確認(かくにん)された　が、　**日本代表選手(だいひょう)**　　　　により
타동사 → 피동형　　　日本国家代表選手(×)

記録(きろく)されて　きたタイムは　**期待(きたい)されて**　いたほど
타동사 → 피동형　　　　　　　　타동사 → 피동형

向上(こうじょう)して　　　　いない。
자동사・向上されて(×)

첫째, 「한자말＋되다」에서 한자말이 **타동사**인지 알아 보는 방법이다. 타동사라는 말이 어려우면 「を」를 택하는 동사・**동작을 나타내어 다른 데에 영향을 미치는 동사**로 생각하면 된다. 이런 동사라면 「되다」는 「される」, 뜻은 피동이 된다. 문제

문장에서 보면,

- (大会を) 開催する
- (ある事項を) 確認する
- (タイムを) 記録する
- (成功を) 期待する

등은 타동사이므로 「되다」를 「される」라고 하여

- (大会が) 開催される
- (ある事項が) 確認される
- (タイムが) 記録される
- (成功が) 期待される

라는 **피동형**이 된다.

이에 대해 「向上する」는 다른 데에 영향을 미치지 않고 스스로 변하는 동사(자동사)이기 때문에 「成績が向上する」라고는 하나 「成績を向上する」라고는 할 수 없으므로 「向上される」라는 피동형도 만들 수 없다.

---

2 양국간 관계가 悪化된 것은 우리나라가 시장으로 成長되고 교통이 発達된 데에 비해 미국의 성장이 鈍化된 데에 기인한다.

→ 両国間の関係が　**悪化した**　　のは我が国が市場として
　　　　　　　　　　자동사・悪化された(×)

成長し、　　　交通が　**発達した**　　　のに対して
자동사・成長され(×)　　자동사・発達された(×)

米国　　の成長が　**鈍化した**　　ことに起因する。
美国(×)　　　　　　　자동사・鈍化された(×)
アメリカ(○)

 둘째, **자동사**의 경우는 어떤지 알아보자. 타동사가 아니면 자동사인데, **자동사**는 외부(자신 이외)에 영향을 미치는 일

없이 스스로 변화하는 동사라고 생각하면 된다. 문제 문장에서 보면, 「成長する」「発達する」「悪化する」「鈍化する」는 모두 다른 데에 영향을 미치지 않고 스스로가 「성장」「발달」「악화」「둔화」되는 것이다. 이런 자동사는 당연히 피동형을 만들 수가 없으므로 따라서 「〜される」도 쓸 수 없다.

3 학교측과 対立되었던 교직원 조합이 교재 선택에 関連된 비리 문제로 교장을 고소했다.

→ 学校側と **対立して** いた教職員組合が教材の選択に
　　　　　　対立されて(×)

関連した 汚職問題で校長を訴えた。
関連された(×)

셋째 「対立」「独立」「共通」「関連」 등은 어떤 상태를 나타내는 동사라고 할 수 있다. 이것들도 **자동사**이므로 문제 2와 마찬가지로 「한자말＋する」형은 있어도 「한자밀＋される」형은 있을 수 없다.

4 하나의 민족이면서 分断된 채인 우리나라가 다시 統一되기 위해서는 북한의 핵문제가 解決되어야 한다는 것이 위원회의 共通된 인식이다.

→ 一つの民族でありながら **分断された** ままの我が国が再び
　　　　　　　　　　　　分断した(○)

統一される ためには、北朝鮮の核問題が **解決され**
統一する(○)　　　　　　　　　　　　　　解決し(○)

なければならないというのが委員会の **共通した** 認識だ。

共通された(×)

🖋 마지막으로 「～する」도 「～される」도 양쪽 다 쓸 수 있는
단어가 몇 개 있다. 여기서는

- (스스로가 스스로) 分断する … 자동사

  (남에 의해) 分断される … 타동사 → 피동형

- (스스로가 스스로) 統一する … 자동사

  (외부의 힘으로) 統一される … 타동사 → 피동형

- (문제가 스스로) 解決する … 자동사

  (문제가 사람들의 힘으로) 解決される … 타동사 → 피동형

등은 자동사로도 타동사로도 사용되기 때문에 「する」(자동사)
도 「される」(타동사 する의 피동형)도 가능하다. 단, 뜻이 ( ) 안
에 표시한 대로 약간의 차이가 있다.

🖋 문제 문장 중 단 한 가지 「共通」는 문제 3의 해설에서 보
았듯이 자동사로만 통용되는 것이므로 「される」형은 쓸
수 없다.

5 이번에 発見된 유물은 대륙 문화와 直結되는 것으로 注目되
고 있고 다음달 일반에게도 公開될 것이 決定되었다.

→ 今回 **発見された** 遺物は大陸文化と **直結する**

　　　　타동사 → 피동형　　　　　　　자동사・直結された(×)

ものと **注目されて** おり、来月一般にも **公開される**

　　　타동사 → 피동형　　　　　　　　　타동사 → 피동형

ことが　**決定された。**
타동사 → 피동형
자동사・決定した(○)

 지금까지 본 것을 힌트로 생각해 보자.

• (사람이 유물을) 発見する … 타동사

→ (유물이 사람에 의해) 発見される … 피동형

• (사람이 유물에) 注目する … 타동사

→ (유물이 사람에 의해) 注目される … 피동형

• (사람이 유물을) 公開する … 타동사

→ (유물이 사람에 의해) 公開される … 피동형

이들은 타동사이므로 「되다」 부분은 피동형 「される」로 생각하면 된다.

그런데, 「직결되다」는

• (유물이 대륙 문화와) 직결되다

→ (대륙 문화가 유물에 의해) 직결되다 (×)

가 불가능한 데서 알 수 있듯이 자동사이므로 「直結される」(피동형)는 있을 수 없다.

또, 「決定」는

• (사람이 일을) 결정하다 = 決定する … 타동사

• (일이 사람에 의해) 결정되다 = 決定される … 피동형

와 같이 타동사로도 쓸 수 있는데,

• (일이 스스로) 결정되다 = 決定する … 자동사

와 같이 자동사로도 통용되므로 「決定する」(자동사) 「決定される」(타동사 する의 피동형)도 가능하다. 그러나 이와 같은 단어는 그 숫자가 적으니 그리 걱정하지 않아도 된다.

1. 「한자말＋되다」는 그 한자말이 자동사인지 타동사인지에 의해 「する」
   「される」를 판단한다.
   ① 開催、確認、記録、期待、発見、復元、左右、改善、制限
   …… 「を」를 택하는 동사, 다른 데에 영향을 미치는 동사가 타
   동사이므로 「되다」 부분은 「される」, 즉 피동형이다.
   ② 向上、悪化、成長、発達、鈍化、対立、関連、共通、直結、安定
   …… 「を」를 택하지 않는 동사, 다른 데에 영향을 미칠 것 없
   이 스스로 변화하는 동사, 상태를 나타내는 동사는 자동사이므
   로 「되다」 부분은 「する」가 되는데, 자동사이기 때문에 피동
   형은 만들 수 없으니 「される」라는 형식은 있을 수 없다.

2. 때로는 이 양쪽에 속하는 한자말이 있다.
   이 경우 • する → 자동사
   　　　　 • される → 타동사 する의 피동
   둘다 가능하다. 그러나 이런 말은 그 수가 별로 많지 않다.
   예 分断、統一、解決、確定、決定、持続

다음 한국어 문장을 일본어로 옮기시오.

1. (1) 싫다고 했는데 모르는 사이에 피검사를 받았다.
   ➡

   (2) 다음달에 수술을 받기로 했다.
   ➡

2. (1) 항의를 받고 발언을 취소했다.
   ➡

   (2) 수도가 공격을 받았다.
   ➡

   (3) 존경받는 사람이 되고 싶다.
   ➡

3. (1) 학교에서 상을 받았다.
   ➡

   (2) 나라의 보조금을 받는 지방 자치 단체
   ➡

   (3) 미국에서 학위를 받을 때까지 노력하겠습니다.
   ➡

4. (1) 선생님에게서 주의를 받았다.

        🔙

   (2) 초대를 받고 방문했다.

        🔙

   (3) 온국민에게서 환영을 받았다.

        🔙

5. (1) 한밤중에 전화가 와서 잠을 못 잤다.

        🔙

   (2) 전화를 받는 법이 그 사람의 성격을 잘 나타낸다.

        🔙

   (3) 목빠지게 기다리던 사람에게서 전화를 받았다.

        🔙

정답과 해설

「명사＋받다」를 일본어로 옮길 때 크게 「される」「もらう」「うける」 세 가지로 나눠진다. 이들의 차이에 대해 기본적 · 전형적인 단어들을 재료로 살펴보기로 한다.

1　(1) 싫다고 했는데 모르는 사이에 피검사를 받았다.
　　→ 嫌(いや)だと言ったのに知らないうちに血液検査(けつえきけんさ)を　　された。
　　　　　　　　　　　　　　　　　　　　　　　　　受けた(×)

(2) 다음달에 수술을 받기로 했다.
→ 来月手術を **受ける** ことにした。
される(×)

우선 「される」와 「うける」를 둘 다 쓸 수 있는 단어를 제
시해 보자(「もらう」는 안 됨).
• 手術、検査、治療、教育、試験、命令

그런데 이것들은 「される」를 쓸 때와 「うける」를 쓸 때에 뜻이
다르다는 점이 중요하다. 예를 들면,

• (나는 싫은데…) 手術をされる。
• (나는 싫은데…) 検査をされる。
• (나는 싫은데…) 教育をされる。

등, 「される」를 쓸 때는 「일방적으로 남이 시키다」「나는 싫었
는데」라는 뜻이 포함되는 것이다. 따라서 문제 1 (1)에서와 같은
문장에서는 「される」가 맞고 「受ける」는 어색하다.
한편 「うける」의 특징은 「다가오는 것을 받아 대응한다」라는 자
신의 의지가 들어간다.

• (내 의지로) 手術を受ける。
• (내 의지로) 検査を受ける。
• (내 의지로) 教育を受ける。

와 같다. 따라서 문제 1 (2)에서 「~하기로 했다」는 의지가 들어
가는 문장에서는 「受ける」는 맞으나 「される」는 쓸 수 없다.

2 (1) 항의를 받고 발언을 취소했다.
→ 抗議を **受けて** 発言を取り消した。
されて(○)

(2) 수도가 공격을 받았다.
→ 首都が攻撃を **受けた**。
   　　　　　　された(○)

(3) 존경받는 사람이 되고 싶다.
→ 尊敬を **受ける** 人 に なりたい。
   　　　　された(○)　　　が(×)

✏️ 여기에 보인 것들도 「受ける」「される」를 둘 다 쓸 수 있는데, 이것들은 「される」의 피동성도 「受ける」의 의지성·적극성도 그리 차이가 없다. 왜냐하면, 원래 그 행위 자체가 **받는 사람 쪽의 의지가 들어갈 여지가 없는 일방적인 행위**이기 때문이다.
　・抗議、攻撃、侮辱、尊敬、差別、影響

등, 받는 입장에서 좌우할 수 없는 것들의 경우, 「される」「受ける」의 차이가 나지 않는다. 따라서 문제 2 (3)에서 「~고 싶다」는 의사 표현이 있으나 「される」는 쓸 수 있다.

3　(1) 학교에서 상을 받았다.
→ 学校で賞を **もらった**。
　　　　　　　受けた(○)
　　　　　　　された(×)

(2) 나라의 보조금을 받는 지방 자치 단체
→ 国の補助金を **もらう** 地方自治 体。
　　　　　　　受ける(○)　　　　団体(×)
　　　　　　　される(×)

(3) 미국에서 학위를 받을 때까지 노력하겠습니다.
→ アメリカで学位を **もらう** まで努力します。
受ける(○)
される(×)

「される」를 절대 사용할 수 없는 것은 **동사화될 수 없는 명사**이다. 예를 들면,

• 賞、補助金、学位、報酬、ライセンス

등, 「〜する」(〜하다)라는 형태가 없는 명사이다. 기본적으로 한국어로 「〜하다」의 형태를 만들 수 없는 것은 「される」를 쓸 수 없는데, 예외로 「편지를 하다」는 「〜하다」 형태를 만들수는 있으나 일본어로 「手紙をする」라고 하지 않고 「手紙を書く」이므로 역시 「手紙をされる」는 쓸 수 없다.

4

(1) 선생님에게 주의를 받았다.
→ 先生 **から** 注意を **受けた**。
に(○)
された(○)
もらった(×)

(2) 초대를 받고 방문했다.
→ 招待を **受けて** 訪問した。
されて(○)
もらって(×)

(3) 온국민에게서 환영을 받았다.
→ 全国民から歓迎を **受けた**。
された(○)
もらった(×)

🖊 이것들은 문제 2의 해설에서 보았듯이 받는 입장에서의 의지가 들어갈 여지가 없으므로 「受ける」든 「される」든 별 차이가 없는 것들이다.

그런데 주목할 것은 「もらう」를 쓸 수 없다는 것이다. 문제 1, 2의 해설에서 다룬 단어들도 마찬가지인데, 그것은 「もらう」를 쓸 때는 「받아서 기쁜 일」 「받으면 자신에게 이익이 되는 일」 이라는 뜻을 포함한 「구체적인 물건」이어야 하기 때문이다. 예를 들면, 「항의・공격・차별」 등은 받기 좋아하는 사람이 없을 테니 「もらう」를 쓰지 않는 것은 이해가 갈 것이다. 또 「초대・환영・지원」 등은 받기 좋은 일이지만 구체적인 사물이 아니므로 「もらう」를 쓸 수는 없다. 예를 들면,

* 注意、招待、歓迎、支援、批判、提供、説明

등은 구체물이 아니므로 「もらう」는 쓸 수 없다. 그러면 「もらう」를 쓰는 것은 무엇일까?

* 電話、返事、通知、プレゼント、お金

나, 문제 3의 해설에서 본

* 賞、補助金、学位、報酬、ライセンス

등 「받기 좋은 것」이면서 「구체적인 물건」이나,

* 許可、援助、注文

등, 무엇인가 남는 일들이다(「허가」는 받고 무엇인가 할 수 있는 것, 「원조」는 돈이나 물건이며, 「주문」은 결국 돈이 되는 행위를 말한다).

그런데 문제 문장에 나온 단어들은 「もらう」는 쓰지 않으나 「いただく」는 가능하다.

* ご注意いただく、ご招待いただく、ご歓迎いただく、ご支援いただく、ご提供いただく、ご説明いただく

그러나 이것은 「구체물을 받는다」고 생각하는 것이 아니라, 「주의해 주셔서 고맙다」「초대해 주셔서 고맙다」는 뜻을 나타내는 문형 「~ていただく」의 한 종류인 「お・ご~いただく」인 것이다.

帰る 帰ってもらう 帰っていただく **お 帰り** いただく 　연용형 　명사화	注意する 注意してもらう 注意していただく ご注意いただく	공손한 말씨 더 공손한 말씨

그러므로 문형으로서의 「お・ご~ていただく」와 단어로서의 「もらう」「いただく」를 구별해야 한다. 특히 여기에 나오는 단어들에 관한 오류가 많으므로 주의를 해야 한다.

문제 문장에서 보면,

① 先生に注意をもらった。(선생님에게서 주의를 받았다.)(×)
　先生にご注意いただいた。

　(선생님이 주의를 **해 주셔서 고맙다**.)(○)

② 招待をもらって訪問した。(초대를 받았다.)(×)
　ご招待いただいて訪問した。

　(초대를 **해 주어서 고맙게 느꼈다**.)(○)

③ 全国民に歓迎をもらった。(환영을 받았다.)(×)
　全国民にご歓迎いただいた。

　(온국민이 환영을 **해 주어서 고맙다**.)(○)

와 같이 「もらう」는 쓸 수 없으나 공손한 말씨로 바꿨을 때에 나오는 「お・ご~いただく」는 가능하다.

5

(1) 한밤중에 전화가 와서 잠을 못 잤다.

→ <u>真夜中</u> に電話を <u>されて</u> 眠れなかった。
一晩中(×)　　　　　受けて(△)
　　　　　　　　　もらって(×)

(2) 전화를 받는 법이 그 사람의 성격을 잘 나타낸다.

→ 電話の <u>受け方</u> がその人の性格をよく表す。
取り方(○)
され方(×)
もらい方(×)

(3) 목빠지게 기다리던 사람에게서 전화를 받았다.

→ 首を長くして待っていた人から電話を <u>もらった</u>。
受けた(○)
された(×)

「전화를 받다」는 상황에 따라 세 가지로 표현할 수 있다. 우선 (1)의 「電話をされる」라고 하면 「싫은데…」라는 감정을 나타낼 수 있다. 예를 들면
• 嫌いな男性から毎日<u>電話をされて</u>迷惑だ。
와 같은 경우에는 「される」가 맞고 「고맙다」의 뜻이 포함되어 있는 「もらう」는 어색하다.

둘째, 「電話を受ける」는 객관적인 표현으로 「수화기를 받아 응답하다」라는 뜻이다. 「싫다」「좋다」는 감정을 나타내지 않는다.

셋째, 「電話をされる」는 (1)과 반대로 「반가운 전화」인 경우에 「기쁘다」「고맙다」는 뜻을 나타낸다. 따라서 (3)과 같이 「목빠지게 기다리던 사람의 전화」라면 「기쁘다」는 뜻을 가진 「もらう」가 맞는다. 「싫다」는 「される」나, 객관적인 「受ける」는 문

장의 뜻에 맞지 않는다.

1. される의 特徴

- 일방적으로 당함　　　　　　•「나는 싫은데…」
- 동사화가 안 되는 단어에는 쓸 수 없다.
  例 賞、学位、補助金、報酬、資格、手紙 등은 안 됨.

2. 受ける의 特徴

- 다가오는 것을 받아 대응함
- 의지가 들어간다.

  단 의지가 들어갈 여지가 없는 단어는 「される」「受ける」의 차

  이가 나타나지 않는다.
  例 抗議、攻撃、侮辱、尊敬、差別、影響

3. もらう의 特徴

- 구체물, 혹은 무엇인가 남는 것
  例 電話、返事、通知、プレゼント、お金、賞、学位、補助金、
  報酬、資格、手紙、許可、援助、注文
- 「お・ご〜いただく」문형과 혼동해서 「いただく」가 가능하니까

  「もらう」도 가능할 거라고 오해하지 말 것. 구체물이 아닌 것은

  쓸 수 없다.
  例 注意、招待、歓迎、支援、提供、説明 등은 안 됨.

  가장 오류가 많은 단어이다.

11 부사

다음 한국어 문장을 일본어로 옮기시오.

1. (1) 아침을 많이 먹었습니다.
    ➡

    (2) 배가 많이 아파요.
    ➡

    (3) 아직도 많이 아파요?
    ➡

2. (1) 미팅엔 꼭 가고 싶어요.
    ➡

    (2) 접수가 시작되면 꼭 연락드리겠습니다.
    ➡

    (3) 열심히 공부하면 꼭 붙을 거예요.
    ➡

3. (1) 아기가 꼭 인형 같아요.
    ➡

    (2) 소리를 높여 전화를 받는 것은 마치 화장을 하고 외출하는 것
       과 같다.
    ➡

4. (1) 아기가 너무 귀여워요.

    ➡

   (2) 너무 추워서 더 이상 못 견디겠어요.

    ➡

5. 최근 효자를 보기가 힘들다.

    ➡

6. (1) 1학년 때의 담임 선생님은 김선생님이시고 지금은 임선생님이
       시다.

    ➡

   (2) 옛날엔 미남이었는데 지금은 보통 아저씨가 되고 말았다.

    ➡

7. 아직은 못 가 보았습니다.

    ➡

8. (1) 한 잔 더 주세요.

    ➡

   (2) 작은 고추가 큰 고추보다 더 맵다.

    ➡

9. 두 분 다 변호사이십니다.

    ➡

10. (1) 혹시 곤란한 일이 있으면 꼭 전화를 주세요.

   ◐

   (2) 혹시 곤란한 일이 있을지 모른다.

   ◐

11. (1) 비록 거절당한다고 해도 나는 포기하지 않겠다.

   ◐

   (2) 비록 남자지만 김씨는 여성의 고민을 충분히 이해하고 있다.

   ◐

12. (1) 일단 돌려 주고 다시 빌리세요.

   ◐

   (2) 설명은 일단 했지만 아이들이 이해한 것 같지는 않았다.

   ◐

정답과 해설

부사는 극단적으로 말하면 쓰지 않아도 말이 되므로 학습자가 가장 소홀히 하는 부분이다. 그래서 「한 단어에 한 가지 일본어만을 대응시 키면 그만이지……」 하고 넘어가는 경우가 많아 그만큼 오류도 많은 것이다. 한국어에도 한 단어에 여러 가지 뜻이 있는데 이에 대응되는 일본어도 각각 용법의 차이가 있다. 이제 고급 단계이므로 부사의 쓰 임에 대해서도 알아 두는 것이 바람직하다.

1
(1) 아침을 많이 먹었습니다.
→ 朝ごはんを **たくさん** 食べました。

(2) 배가 많이 아파요.
→ お腹が **とても** 痛いです。
たくさん(×)

(3) 아직도 많이 아파요?
→ **まだ**　　**ずいぶん** 痛いですか。
まだも(×)　　たくさん(×)
とても(○)

「많이」에는 크게 두 가지 뜻이 있다. 하나는 (1)의 「**수량**」으로 일본어 「たくさん」에 해당하며, 또 하나는 (2)의 「**정도**」로 일본어 「とても」「たくさん」 등에 해당한다. 「많이」를 「たくさん」으로만 알고 (2)「정도」의 의미도 「たくさん」으로 하기 쉬우니 주의하기 바란다.

예상과 비교해서 정도를 표현하는 「꽤」에 해당하는 「많이」가 있다. 여기에서는 (3)이 그런 경우이다. 「아직도」라는 말이 있으므로 전에 아프다는 이야기를 들었다는 것을 짐작할 수 있는데 「그 후로 어떻게 되었나」 하고 나름대로 예상을 했을 것이다. 그 예상과 비교해서 정도를 표현할 때에는 「ずいぶん」「なかなか」「かなり」「だいぶ」「けっこう」 등 여러 가지가 있다.

우선 「ずいぶん」「なかなか」는 예상을 넘었을 때에 쓰는 말로, 「ずいぶん」은 「なかなか」보다 더 강조된 말이고, 「なかなか」는 **평가**의 느낌을 준다.

예를 들면,
• <u>なかなか</u>部屋がきれいですね。

는 복덕방 아저씨가 방을 보고 평
가하는 것이지만,

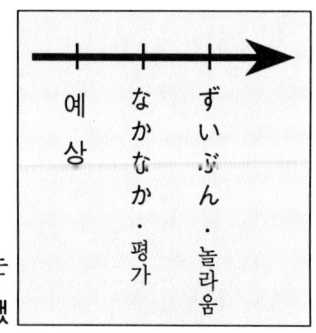

• ずいぶん部屋がきれいですね。

는 친구가 찾아와서 **놀랐다**는 느
낌으로 하는 말이다.

그 다음으로 「かなり」와 「だいぶ」는
예상을 넘었으나 **기대할 만큼은 못했**
다고 할 때에 쓰며 「かなり」가 「だいぶ」보다 기대치에 가깝다.

예를 들면, 의사 선생님이 입원 환
자를 보고 그 병세가 생각보다 빨
리 호전되었다고 하면,

• だいぶ良くなりましたね。

라고 하겠고, 그보다 더 좋으면

• かなり良くなりましたね。

라고 할 것이며, 퇴원이 가까움을 기대할 수 있다.

마지막으로 「けっこう」는 예상을 넘는다는 것은 마찬가지나 그
예상 자체가 「낮은 예상」인 경우이다.

따라서

• けっこう頭が良いですね。

라는 말은 말하는 이의 「낮은 예상」이 나타나 있어 칭찬으로 듣
기가 어렵다. 그런데 너무 방이 더러워서 아무리 청소를 해도 깨
끗해질 수 없을 거라고 생각했는데 실제로 청소를 해 보니까 예
상보다 깨끗해졌다고 할 때에는

• けっこうきれいになりました。

라고 해도 지장이 없다.

그런데 (3)은 그저 강조하는 의미만 있는 「とても」「たいへん」

을 쓸 수도 있으나, 위에서 설명한 「꽤」에 해당하는 여러 가지 말 중에서 적절히 골라서 사용하는 것이 좋다.

2

(1) 미팅엔 꼭 가고 싶어요.
→ 合コンには **ぜひ** 行きたいです。
必ず(○)

(2) 접수가 시작되면 꼭 연락드리겠습니다.
→ 受付が **始まったら** **必ず** 連絡いたします。
始まれば(○)　　ぜひ(△)
始まると(×)
始まるなら(×)

(3) 열심히 공부하면 꼭 붙을 거예요.
→ 一生懸命勉強すれば **きっと** **合格します。**
必ず(○)　　受かります(○)
ぜひ(×)

한국어 「꼭」에도 여러 가지 뜻이 있는데 그 중에서 「반드시」 「100%」에 해당하는 것을 보자.

우선 (1)에서 「**꼭+바람·의뢰**」에는 「ぜひ」가 맞는다. 물론 「必ず」도 문법적으로 오류는 아니지만, 「必ず」는 「상대의 입장이나 기분에 상관없이 반드시」라는 뉘앙스가 있어서, 바람이나 의뢰에 쓰면 자기 주장이 너무 강하고 뻔뻔스럽다는 느낌을 준다. 따라서 「ぜひ」가 실용적이고, 또 「ぜひ」 뒤에는 **꼭 바람이나 의뢰가 온다**는 것을 잊어서도 안 된다.

그런데 「미팅」은 「合同コンパ」로, 줄여서 「合コン」이라고 한다.

일본어의 「ミーティング」는 「회의」의 뜻으로 남녀가 만나는 자리가 아니다.

(2)는 (1)과 달리 「드리겠습니다」라는 자신의 「약속」이다. 따라서 「ぜひ」는 쓸 수가 없다. (왜냐하면 「ぜひ」 뒤에는 꼭 「바람」「의뢰」의 문장이 와야 되기 때문이다.) (1)의 「바람」「의뢰」의 문장에서는 「必ず」가 너무 강한 표현이었지만 자신이 약속할 때엔 「틀림없이・반드시」라는 뜻으로 안심하게 하므로 가장 적절하다. 요컨대 뒷문장의 성질에 따라 「꼭」에 해당하는 일본어를 고르는 것이 중요하다.

마지막으로 (3)은 「~ㄹ 거예요」라는 「추측」이다. 물론 여기서도 「必ず」는 사용할 수 있으나, 또 다른 표현으로 「きっと」도 있다. 「きっと」는 뒤에 **추측**이나 **결의**의 문장이 온다. 따라서 「틀림없이」의 「必ず」와 비교할 때 「추측」의 「きっと」에는 100%의 보장이 없다. 예를 들면 의사 선생님의

- 手術をすれば<u>必ず</u>治ります。

라고 하면 안심해도 되나,

- 手術をすれば<u>きっと</u>治ります。

라고 하면 끝까지 「나을 것이다」라는 추측으로 100%의 안심은 할 수 없다. 문장의 형태와 주는 인상의 차이에 주목해서 단어를 선택해서 써야 한다.

3 (1) 아기가 꼭 인형 같아요.
→ 赤ちゃんがまるで人形 **のようだ**。
みたいだ(○)
らしい(×)

(2) 소리를 높여 전화를 받는 것은 마치 화장을 하고 외출하
는 것과 같다.

→ 声を高くして電話に出るのは　**ちょうど**　化粧をして
まるで(×)

外出するのと同じだ。

「꼭」「마치」는 「비유」의 부사로 「まるで」에 해당하는데,
그 때 한 가지 유의할 것은 (2)와 같이 비유이기는 하지만,
유사한 예를 들어 남의 이해를 돕는 경우엔 「まるで」가 아니라
「ちょうど」를 쓴다는 점이다. (2)는 「소리를 높여 전화를 받는다」
는 것을 설명하는데 「외출할 때 화장하는 것」을 예로 들어 그것
이 바깥 사람에 대한 여성으로서의 예의임을 설명하는 것이다.
이와 같은 경우 「まるで」는 쓰지 않는다.

• 日本人はラーメンが好きだ。**ちょうど**韓国人がジャージャー
メン(짜장면)を好むようにだ。

4 (1) 아기가 너무 귀여워요.

→ 赤ちゃんが　**とても**　　かわいいです。
たいへん(○)

(2) 너무 추워서 더 이상 못 견디겠어요.

→ **余りに寒くて**　これ以上　**耐えられません。**
寒すぎて(○)　　　　　我慢できません(○)

「너무」는 두 개로 나눠 생각할 수 있다. 하나는 (1)의 「아
주」에 해당하는 **강조**이다. 이것에는 문제 1에서 본 「とて

も」「たいへん」 등이 적당하다. 여기서 「あまり」를 쓰면 발음
은 같고 뜻이 다른 「あまり」(별로·그다지)와 혼동하기 쉽기 때
문에, **긍정적인 강조**에는 「あまり」는 쓰지 않는 것이 좋다.

(2)의 「너무」는 **부정적인 마이너스 평가를 강조**하는 것이다 이
것에는 「余りに」나 「あんまり」(구어체)와 같이 「あまり」를 쓰
면서도 구별하기 쉽게 「に」나 「ん」을 첨가하는 경우가 많다. 혹
은 「~すぎる」를 사용하고 「あまり」는 쓰지 않을 수도 있다. 요
컨대 「あまり」를 쓰면 틀리다고는 할 수 없지만,

- あまり大きくない。(별로 크지 않다)
- あまり大きい。(아주 크다) … 긍정적인 평가
  (あまり⇒とても·たいへん)
- あまりに大きい。(너무 크다·지나치게 크다) … 마이너스 평가
  (あまりに＝あんまり·大きすぎる)

처럼 구별하기 쉽게 표현하는 것이 오해를 피하는 방법이다. 특
히 긍정적인 평가에서 「あまり」를 쓰는 경우가 많은데

- 너무 좋아요.
  → すごく好きです。(○)
    (すごく＝とても·たいへん)
  → あまり好きです。(×)

처럼 짧은 문장에서는 절대 「あまり」를 쓰지 않는 것이 좋다.

5 최근 효자를 보기가 힘들다.
→ 最近　　　親孝行な人　　　を見つけるのが難しい。
この頃(○)　孝子(×)　　　はまれだ(○)
今頃(×)

「최근」「근래」「요즘」에 해당하는 말로 오해가 많은 것
은「今頃」인데「今頃」에는 그런 뜻은 없다. 「今頃」에는 세
가지 의미가 있다.

첫째는「지금」「지금쯤」의 의미로 현재 **눈앞에 없는** 사람을 생
각하는 경우이다.
- 今頃 昔の恋人は何をしているだろうか。

두 번째는「이제 와서」의 경우로 **벌써 늦었다는** 뜻이다.
- 明日から夏休みなのに今ごろ4月の宿題を提出するのですか。

이것은「今になって」「今さら」와 같다.

세 번째는「이맘때」로
- 昨年の今頃はまだ小学生だった。

와 같이 과거나 미래 등의 시기를 가리킨다.

사전에 있는「최근」「요즘」만의 뜻은 아니다.

6 (1) 1학년 때의 담임 선생님은 김선생님이시고 지금은 임선

생님이시다.
→ 一年生の時の担任の先生は金先生で、**今は** 林先生です。
今では(×)

(2) 옛날엔 미남이었는데 지금은 보통 아저씨가 되고 말았다.
→ 昔は **美男** だったが **今では** ただのおじさん
ハンサム(○) 今は(○)

になってしまった。

 「지금은」은 의미상 두 가지로 나눈다. 첫째 「今は」로, 지
금과 과거의 대비를 나타낸다.

- 結婚前は木村で、今は山口という姓です。
- 朝は雨でしたが今は晴れています。

둘째 「今では」는 옛날에 비해 **변화**했음을 나타내는 경우로 「**많이 변했구나**」 하는 느낌을 갖게 한다.
- 昔は食べ物も少なかったが今では豊かな国になった。

문제 문장도 이전의 모습에 비해 많이
변해서 감개깊은 모양(「~하고 말았다」는
감정 표현)으로 「今では」가 어울린다. 물론
「今では」를 「今は」로 할 수는 있으나(今は
… 대비 > 今では … 변화) 이제 고급 단계
에 들어왔으니 더 적절한 표현을 쓰도록
하자.

今は (대비)
今では (변화)

참고로 「今<u>には</u>」라는 말은 없고 「今<u>に</u>」는 있는데 이것은 「지금」
이 아니라 「**장래**」의 뜻이다.

- 머지않아 후회할 거야.
  → 今に後悔するぞ。
- 두고 봐라.
  → 今に見ていろ。
- 두고 봐라. 머지않아 훌륭한 의사가 되어 보이겠다.
  → 今に立派な医者になってみせる。

등과 같다.

7 아직은 못 가 보았습니다.

→ <u>まだ</u>   <u>行っていません</u>。
   まだは(×)   行きませんでした(×)

✏️ 일본어는 「아직＋과거형」을 「まだ＋ていません」형으로 나타낸다. 「아직」 뒤에는 과거형은 쓰지 않는다.

또 「아직은＋부정형」이라는 표현이 따로 없으니 「은」을 「は」로 하면 안 된다. 「まだ」그대로나 「未<ruby>だ<rt>いま</rt></ruby>に」「未<ruby>だ<rt>いま</rt></ruby>」를 쓴다.

8

(1) 한잔 더 주세요.

→ もう <u>一杯<ruby>（いっぱい）</ruby></u> ください。

一杯もっと(×)

(2) 작은 고추가 큰 고추보다 더 맵다.

→ 小さい唐辛子<ruby>（とうがらし）</ruby> **の方が** 大きい唐辛子 **より** 辛<ruby>（から）</ruby>い。

が(×)   もっと(×)

✏️ 우선 (1)과 관련해서 「숫자＋더」는 「もう＋숫자」로 외운다. 「もっと」는 쓰지 않는다. 예를 들면,

- 하나 더 … もう一つ
- 한 번 더 … もう一度
- 하루만 더 … もう 口だけ
- 좀더 … もう少し

와 같이 한국어와 어순이 바뀌는 점에 주의한다. 이것이 문장 속에서노

- 갈비 2인분 더 시키자.
  → カルビ **もう2人前**<ruby>（にんまえ）</ruby> 頼<ruby>（たの）</ruby>もう。
  2人もう(×)

와 같이 어순에 유의할 것.

여기서 오류로 나오기 쉬운 「もっと」는 숫자가 있을 때는 쓰지 않고 **단독으로 쓴다.**

- 더 주세요. … もっとください。
- 더 열심히 공부해라. … もっと一生懸命<ruby>（いっしょうけんめい）</ruby>勉強しなさい。

그 다음에 (2)에서 유의할 것은 비교문이라는 점이다. 한국어의
양자 비교문은

• A가 B보다 더~

인데 일본어는

• A<u>の方</u>がBより〔もっと(×)〕 ～

이다. 「～の方が」가 들어가는 점과 「もっと」가 들어가지 않는
점이 차이점이다. 특히 「더」에 해당하는 「もっと」를 넣기 쉽지
만, 비교 문장에 들어가는 「もっと」는 「**훨씬**」이라는 뜻으로 비
교를 **강조**하는 역할을 한다.

• 작은 고추가 **더** 맵다.
  → 小さい唐辛子　の方が　辛い。

• 작은 고추가 **훨씬 더** 맵다.
  → 小さい唐辛子　の方が　もっと　辛い。
  　　　　　　　　　　　　　　ずっと

9　두 분 다 변호사이십니다.
→ （お）　<u>2人とも</u>　弁護士でいらっしゃいます。
　　　　2人みんな(×)

「다」는 「みんな」지만, 이것도 셋 이상이어야 「みんな」가
되는 점에 주의하자. 둘까지는 「みんな」가 아니다.

• 둘 다 : 2人とも(사람)　2人みんな(×)
　　　　　　2つとも(물건)　2つみんな(×)
• 셋이 다 : 3人とも、3人みんな
• 넷이 다 : 4人とも、4人みんな

10 (1) 혹시 곤란한 일이 있으면 꼭 전화를 주세요.
　　　→ **もし**　　困ったことがあれば必ず電話ください。
　　　　もしも(○)

(2) 혹시 곤란한 일이 있을지 모른다.
　　　→ **もしかして**　困ったことがあるかもしれない。
　　　　もし(も)(×)

한국어 「혹시」에는 두 가지 뜻이 있다. 하나는 (1)의 「혹시＋가정문」으로 일본어에서는 「もし」「もしも」를 쓴다. 「もし」보다 「もしも」가 「만일」이라는 뜻으로 가능성이 적다. 오류가 많은 것은 또 하나의 「혹시」로 (2)와 같이 뒷문장이 가정문이 아니라 **추측**인 경우이다. 이 때에는 「もし」「もしも」는 쓸 수 없고 「もしかして」「もしかすると」를 쓴다. 예를 들면,

* もしかして
　もしかすると　＋かもしれない : ～ㄹ지 모른다
　예 もしかして病気かもしれない。
　　もしかすると結婚式に行けないかもしれない。

* もしかして＋추측외 의문
　예 **もしかして**先生でいらっしゃいますか。
　　(혹시 선생님이십니**까**?) …의문
　　もしかして断られたらどうしようと悩んだ。
　　(혹시 거절당하면 **어떻게 하나** 하고 고민했다.) …의문

와 같다. 뒤가 의문문의 경우, 「もしかすると」는 쓸 수 없는 점에 주의하자.

11 (1) 비록 거절당한다고 해도 나는 포기하지 않겠다.
→ たとえ断<ruby>断<rt>ことわ</rt></ruby>られるとしても私はあきらめない。

(2) 비록 남자지만 김씨는 여성의 고민을 충분히 이해하고 있다.
→ <u>確<rt>たし</rt>かに</u>　男<rt>おとこ</rt>であるが、金さんは女性<rt>じょせい</rt>の悩<rt>なや</rt>みを十分理解<rt>じゅうぶんりかい</rt>
たとえ(×)

している。

 「비록」에도 두 가지 용법이 있다. 하나는 (1)의 「비록＋
가정문」으로 「たとえ」에 해당한다. 가정문도 꼭

• たとえ＋～ても ／ ～とも

라는 형식을 지키는 것이 중요하다.

• <u>たとえ</u>男<rt>おとこ</rt><u>でも</u>こんな重<rt>おも</rt>いものは持<rt>も</rt>てないだろう。
• <u>たとえ</u>雨<rt>あめ</rt>が降<rt>ふ</rt>っ<u>ても</u>私<rt>わたし</rt>は泳<rt>およ</rt>ぎます。
• <u>たとえ</u>苦<rt>くる</rt>しく<u>とも</u>最後<rt>さいご</rt>までがんばろう。

참고로 「たとえ」는 한자로 「仮令」이라고 쓰는데, 한국어 「仮令」
(가령)과는 용법이 다르다. 가정의 경우는 「仮<rt>かり</rt>に」를 써서

• **가령** 내 입장이었다면 어떻게 할 것인가?
→ <u>仮<rt>かり</rt>に</u>私の立場だったらどうするだろうか。

와 같이 표현하고, 「예를 들면」의 뜻이라면 「例<rt>たと</rt>えば」를 사용한다.

• 한국 음식에 꼭 필요한 것, **가령**(예를 들면) 마늘, 파, 참기름…
→ 韓国料理<rt>かんこくりょうり</rt>に不可欠<rt>ふかけつ</rt>なもの、<u>例<rt>たと</rt>えば</u>にんにく、ねぎ、ごま油<rt>あぶら</rt>…

요컨대, 한자는 같지만 「仮令」와 「仮令」(가령)은 다른 단어이다. 일본어 「たとえ」는 뒷문장이 반드시 「~ても」「~とも」가 되는 것에 주의해야 한다.

그 다음으로 (2)의 「비록」인데 이것은 사전에도 자세한 설명이 나와 있지 않아 오류가 많다. 즉, 뒷문장이 「~해도」라는 가정이 아닌 경우이다.

- 그는 **비록** 남자**지만** …
    → 彼は　<u>たとえ</u>　男であ**るが**……(×)
      確かに(○)

라는 문장의 「그」는 남자라고 가정하는 것이 아니라 **실제로** 남자인 것이다. 「사실을 인정하지만 그래도」라는 뜻의 「비록」은 「確かに」나 뒤에 「~ものの」를 붙이면 된다. 예를 들면,

- **비록** 나이는 들었지만,~
    → <u>確か</u>に年はとっている**が**、~
      年はとっている**ものの**、~
- **비록** 무명이긴 하지만,~
    → <u>確か</u>に<u>無名</u>ではある**が**、~
      無名ではある<u>**ものの**</u>、~

와 같다. 그런데 이 때의 「確かに」는 절대로 「확실히」「틀림없이」라는 뜻은 아니다.

12 (1) 일단 돌려 주고 다시 빌리세요.
    → <u>一旦</u>　返してまた借りてください。
      一応(×)

(2) 설명은 일단 했지만 아이들이 이해한 것 같지는 않았다.
→ 説明は　一応　したが子供たちはわかったようでは
一旦(×)

なかった。

한국 사람이 자주 쓰는 부사 「일단」이다. 이것도 여러 가지가 있지만 대표적인 것만 외워 두자.

우선 (1)은 「한 번」이라는 뜻으로 「一旦」 그대로 쓸 수 있다. 예를 들면,

• 一旦口に入れたものは出さないこと。

와 같은데, 뒤가 반드시 **동작**이어야 한다. 따라서 동작이 아닌 것은 「一旦」이 아니다. 예를 들면,

• **일단** 의사라면 제대로 치료해라!
→ 一応　医者ならきちんと治療しろ！
一旦(×)

와 같은 경우로 여기에서 「一応」는 「충분하지 않지만」의 뜻이다. (2)도 바로 그 뜻으로 「一旦」이 아니라 「一応」를 쓴다.

많이	① 수량 : たくさん
	② 정도 : とても・たいへん／たくさん(×)
꽤	① 예상을 넘었을 때 : ずいぶん・なかなか

	②예상은 넘었으나 기대치까지 못 미쳤을 때 : かなり・だいぶ ③낮은 예상을 넘었을 때 : けっこう
꼭	①희망・의뢰 : ぜひ／必ず(△) ②약속・기타 : 必ず ③추측 : きっと、必ず ④비유 : まるで cf. 유사한 예를 들 때 : ちょうど
너무	①긍정 : とても・たいへん・すごく／余^{あま}り(△) ②부정 : 余りに・～すぎる
요즘	この頃／今頃(×) cf. 今頃^{いまごろ} ①현재 눈앞에 없는 대상을 상상하면서 「지금쯤」 ②「너무 늦었다」 「이제 와서」 ③미래나 과거의 같은 시기를 나타내는 「이맘때」
지금은	①과거와의 대비 : 今は ②변화 : 今では
아직은	まだ／まだは(×) *뒤는 꼭 「～ていない」가 됨.
더	①숫자+더 : もう+숫자 ②양자간 비교문 　　A가 B보다 더～ : Aの方がBより〔もっと(×)〕～ *「もっと」가 들어가면 「훨씬」의 뜻을 첨가하게 된다.

다	둘까지 : 〜とも／みんな(×)
	셋 이상 : 〜とも・〜みんな
혹시	① 가정 : もし・もしも
	② 추측・의문 : もしかして・もしかすると
비록	① 가정 : たとえ(＋〜ても・とも)
	② 사실 : 確かに・〜ものの
	cf. 「仮令」(たとえ)와 「仮令」(가령)은 다른 단어
일단	① 한 번 : 一旦(いったん)
	② 충분하지 않지만 : 一応(いちおう)

가장 소홀히 하기 쉬운 부사 중에서 오류가 많은 것을 살펴보았는데, 이런 구별을 확실히 함으로써 단어력을 키우도록 하자. 부사는 작문력 강화에 많은 도움이 된다.

일본어 커뮤니케이션

일본어는 애매하다고들 한다. 자기 주장보다 대인 관계를 더 중요시하기 때문에 자신의 생각·심정을 바로 상대에게 전하려고 하는 것보다, 미묘한 표현을 써서 상대가 알아차리기를 기대하는 것이 보통이다. 이것은 커뮤니케이션이 주로 말로 확실히 전해지는 서양과 다른 점이다. 서구 사회는 개인주의가 기본이어서 남과는 생각이 다르다는 것이 보통이며, 따라서 「말을 확실히 해야만 상대가 알아 주는 것」으로 생각하기 때문에 커뮤니케이션이란 용어도 생겼으며 연구도 발달되어 왔다. 이에 대해 일본은 흔히 「단일민족」(사실은 아니지만)으로 하나의 언어, 하나의 문화 속에서 옆 사람과 붙어서 살아 왔다. 말은 하지 않아도 옆 사람의 심정이나 생각은 자연히 전해지고 사고 방식 또한 그리 다르지 않은 균일 사회였다. 따라서 「말이 전부이다」라는 식의 서구의 사고 방식과 달리 말의 비중이 비교적 적었던 것이다. 그리고 흔히 말하는 「섬나라」 특성으로 다른 데에 도피할 수 없는 상황에서는 무엇보다 주위 사람들과 「인화」를 이루는 것이 가장 중요한 것이다. 이웃 사람과 싸우기라도 하면 공동체에서 살아가기가 어렵기 때문이다.

그래서 일본 사람들은 자신의 생각은 10 있어도, 1만 말하면 상대가 알아차린다고 기대하며, 또 자기 주장이 10 있어도 「인화」를 위해 1만 말하고 참는다. 이런 점에서 일본 사람들은 애매하다고 비판을 받기도 하는데, 일본 사람들끼리 교제하는 한 문제는 생기지 않았다. 왜냐하면, 말하는 이의 1의 말을 듣는 이가 다시 10으로 확대해서 정확하게 그가 말하고 싶은 내용을 이해해 주기 때문이다. 말하는 이는 10

이 있어도 1만 말하고(즉, 축소한다), 듣는 이는 1을 듣고 다시 10으로 복원해 줌으로써 비로소 일본 사람들의 커뮤니케이션이 성립되는 것이다. 듣는 이의 이해 능력, 확대 재생 능력이 있어야만 가능한 형식이다. 예를 들면, 같은 연립 주택에 이웃하는 두 가족이 실고 있다고 하자. A씨 집에서는 주말마다 집에서 가라오케를 하는데 B씨 집에서는 시끄러워서 성가시다고 느끼고 있었다. 그러던 어느 날 A, B씨 집의 부인들이 복도에서 만나 전통 일본어 커뮤니케이션으로 대화를 나눈다.

　　B부인 「노래를 참 잘 하십니다.」
　　A부인 「(우리 노래 솜씨를 어떻게 들었을까… 아, 참, 가라오케 소리
　　　　　　가 들린 것 아닌가…) 어머! 죄송합니다. 주말마다 시끄러
　　　　　　우셨겠어요. 앞으로는 그러지 않을 게요.」
　　B부인 「아니오. 별 말씀을요. 명랑하게 사시는 모습이 부러운 걸요.」

　B부인은 자신이 말하고 싶었던 것(노래 소리가 너무 크니까 좀 낮춰 달라)은 직접 말하지 않았다. 낮춰 달라고까지 말하지 않아도 소리가 이웃집까지 들린다는 것만 전해 주면 된다. 동질사회(同質社會) 일본이면 그 정도만 해도 상대가 알아 준다고 기대할 수 있는 것이다. 그리고 조심스럽게 상대를 불쾌하게 만들지 않기 위해 칭찬하는 방법을 택했다.

　그리고 A부인도 칭찬을 받고 그저 기뻐하기만 하지 않는다. B부인이 왜 그런 말을 하는지, 1을 듣고 10으로 확대해서 이해한다.

　노래를 잘한다고? 내 노래를 들었단 뜻이구나… 그런데 B부인 앞에서 노래한 적은 없는데. 아! 집에서 가라오케하는 소리가 들렸는지 모른다… 시끄러웠겠다.

　그리고 B부인에게 사과하고 그 자리는 원만하게 회화를 끝낼 수 있

다. 결과적으로 A씨 집이 앞으로 가라오케를 할 때는 소리를 더 낮춰 이웃집에 안 들리게 할 것이고, A, B부인 사이도 나빠지지 않는다. 이것이 말하는 이, 듣는 이, 둘 다 일본적 커뮤니케이션을 하는 능력이 있는 경우의 회화이다.

그러나 요즘은 서구식 사고 방식이 들어와 말을 확실히 하는 것이 좋다는 사람들도 점점 많아지고, 도시화되면서 이웃 사람과의 공통점도 찾기가 어려워졌다. 그래서 일본식 커뮤니케이션이 성립되지 않아 직접적인 말이 오가는 경우도 생겼다. 즉,

> B부인 「가라오케가 너무 커서 주말마다 시끄러운데요. 사람을 성가시게 만들지 마세요.」
>
> A부인 「아, 그래요?」(무얼 그렇게 시끄럽게 떠들어? 1주일에 한 번밖에 안 하는데, 가라오케 장치가 없어서 부러운 것이겠지)

이와 같은 대화가 되면, 부인의 성격에 따라서는 다툴 수도 있고, 사이도 나빠질 것이고 게다가 A씨 집의 가라오케는 오히려 소리가 커질 수도 있다. 이것은 말을 똑바로 하는 습관만 들어와 불평을 한 뒤에 대인 관계를 유지하는 방법을 배우지 못한 데에서 일어나는 파행적 문화 수입이 원인이 된 것이다.

일본어가 애매하다고 비판을 할 수도 있겠으나, 좁은 국토에서 낮은 사람들이 사는 데 마찰을 일으키지 않는 것이 하나의 지혜였다고 한다. 말 한 마디가 대인 관계를 악화시킬 수 있으니 일본어를 배우는 여러분도 일본어 커뮤니케이션을 알아두는 것이 바람직하다.

그리고 「감정을 겉으로 나타내지 않는 일본인」이라고도 하는데, 그것도 사실이 아니다. 감정 표현은 표정이나 목소리 크기로만 하는 것은 아니고 말로 미묘하게 표현할 수도 있는 것이다. 교과서에서 「같은 뜻이다」라고 넘어가는 문형도 사실은 차이가 있다. 그 차이가 감정을

칼럼

나타낼 경우, 일본 사람들은 어느 문형을 쓰는가에 따라 자신의 심정을 나타내려고 하는 것이다.

뉘앙스 차이가 있는데 같은 뜻으로 알고 구별없이 함부로 쓰면 어떻게 될 것인가? 또한 일본 사람들이 문형을 선택하면서 여러분에게 그 뉘앙스까지 전하려고 하는데 그것을 놓치고 말았다면…?

교과서나 문제집에서 ~から를 ~ので로 바꾸거나 ~すれば를 ~すると로 바꾸는 연습을 아마 해 왔을 것이다. 그러나 이제 여러분은 고급 수준으로 이런 문형을 같은 뜻으로만 아는 단계는 이미 지났다. 일본식 커뮤니케이션에 필요한 미묘한 뉘앙스 차이를 배우고 경우에 따라 구분해서 쓰는 단계에 들어섰다. 지금부터 배우는 내용은 문법적 오류와 더불어 뉘앙스도 포함되는데, 이것을 결코 경시해서는 안 된다. 작은 일로 생각될지도 모르나, 사실은 실용 일본어를 위해서 가장 중요한 것이라는 점을 마음에 두면서 문법편에 들어가기 바란다.

칼럼

:
:
:

は・が / 는・가

다음 한국어 문장을 일본어로 옮기시오.

1. 말씀 좀 묻겠는데요. 은행이 어딥니까?
    ▶

2. 아저씨, 이거 얼마예요?
    ▶

3. 마유미가 일본 사람입니까?
    ▶

4. A 「여름엔 빙수가 그만이에요.」
    ▶

   B 「빙수가 뭐죠?」
    ▶

5. 코끼리가 코가 길다.
    ▶

6. A 「후지산하고 아소산하고 어느 것이 더 높습니까?」
    ▶

   B 「후지산이 더 높습니다.」
    ▶

정답과 해설

일본어 「が」는 한국어 「가・이」, 「は」는 「은・는」에 해당한다. 다른 나라의 일본어 학습자가 「が」와 「は」의 차이점을 파악하느라 고생하는 데 비해 한국인 학습자는 뭘 그렇게 고민하느냐며 자신은 상관없다는 듯이 넘겨 버린다. 그러나 한국인도 자신도 모르게 이 문제로 오류를 범할 때가 없진 않다. 거의가 「は」는 「은・는」, 「が」는 「가・이」에 대응하는 것으로 알고 있으나 완전히 대응이 일치하는 것은 아니다. 여기서 그 약간의 예외를 외워 버리면 문제될 것이 없을 것이다.

1 말씀 좀 묻겠는데요. 은행이 어딥니까?

→ **ちょっと**   お尋（たず）ねしますが、銀行（ぎんこう） **は**   どこですか。
   すみませんが(○)   が(×)

2 아저씨, 이거 얼마예요?

→ **すみません**、これ **は**   おいくらですか。
   おじさん(×)   が(×)

 한국어로는 각각

• 은행이 어딥니까?

• 이게(이것이) 얼마예요?

와 같이 의문형을 표현하는데, 이 때 「가・이」를 쓰지 않고 만일 「은・는」을 쓰게 되면

• (우체국이 아니라) 은행은 어딥니까?

• (저것이 아니라) 이것은 얼마예요?

라는 뜻이 된다. 그런데 일본어에서는 **단순한 의문문에 「が」는 쓰지 않는다.** 한국어와 같이 미묘한 뉘앙스 차이를 나타내지 못

할 뿐 아니라 사용할 수도 없다. 단, 의문사가 주어인 경우는 한국어와 마찬가지로 「誰は来ますか」라고 할 수 없고 「誰が来ますか」라고 해야 한다.

그런데 일본에서는 「すみません」이라는 말은 폭넓게 자주 쓰인다. 문제 1과 같이 질문할 때나, 문제 2와 같이 사람을 부를 때도 「すみません」 한 마디면 된다. 특히 요즘에는 남(타인)을 부를 때 친한 사이가 아니면 친족 호칭을 기피하는 경향이 있기 때문에 「すみません」을 쓴다. 일본에서도 옛날에는 길을 가다가 모르는 사람을 부를 때, 「아줌마」 「아저씨」 「할머니」 「할아버지」라고 불렀는데 요즘은 그렇게 하면 실례가 된다. 「나는 당신의 할머니가 아니예요!」 하고 꾸지람을 듣는 경우도 있을 정도이다. 따라서 야채 가게 아저씨나 식당 아가씨를 부를 때도 친해지기 전에는 「すみません」이라고 하는 것이 좋을 것이다.

덧붙여 「すみません」에는 「미안하다」는 뜻은 물론 위에서 살펴본 것처럼 「여보세요」라는 뜻도, 「고맙다」는 뜻도 있다.

- これ、どうぞ召しあがってください。
  — まあ、**すみません**。

또 붐비는 버스에서 내릴 때 「내립시다」 하는 대신에 「すみません」, 길을 가다 앞에 가는 사람에게 「(먼저) 갑시다」 할 때도 「すみません」이라고 말한다. 일본어는 10을 말하고 싶을 때 1만 말해도 상대가 「察する」(알아차려 주다) 능력만 있으면 의사 소통에는 문제가 없다. 「すみません」도 어떤 문맥에서 쓰이는가에 따라 그 뜻이 달라진다. 그러면 이렇게 쉽게 「すみません」 하고 말해 버리면 진짜 사과할 때는 어떻게 할까?

그것도 그대로 표현하면 된다. 즉,「すみません」의 공손한 말「も
うしわけない」를 써서
• <u>申し訳ございません</u>。何とおわびすればよいのやらわかりま
  せん。

이라고 표현하면 된다.

3 마유미가 일본 사람입니까?
   → ①「まゆみ」は日本人ですか。
     ②「まゆみ」が日本人ですか。

여기서는「は」의문문과「が」의문문을 비교해 본다.「は」
의문문은 위에서 보았듯이 **단순히 답을 알고 싶어서 묻는**
것으로
• まゆみは日本人ですか。= 마유미라고 이름을 대는 인물
  이 어느 나라 사람인지 답을 알고 싶다.
는 뜻이다.
이에 비해「が」의문문은 **어떤 의심을 갖고 하는 물음으로**
•「まゆみ」が日本人ですか。=「본인은 마유미라고 이름을
  대는데, 그게 사실인지 거짓인지」라는 의심을 갖고 있다.
는 의미이다.
다른 예문으로 비교하며 살펴보자.
• 私はきれいですか。= 예쁜지 미운지 단순히 알고 싶다.
• 私がきれいですか。=「당신은 나를 예쁘다고 말해 주지만
  정말 그래요? 엉터리가 아니예요?」하고 상대의 말은 믿지
  않는다.

4　A「여름엔 빙수가 그만이에요.」

　　　→ 夏はかき氷が <u>一番</u>　　 ですよ。

　　　　　　　　　　　<u>最高</u>(○)

　　　　　　　　　　　に限りますよ(○)

　　B「빙수가 뭐죠?」

　　　→ かき氷 <u>って</u>　　 何ですか。

　　　　　　　　というのは(○)

　　　　　　　　が(×)

　　　　　　　　は(×)

 일본어 「が」보다 한국어 「가・이」가 더 범위가 넓은데 이 문장에 나오는 것도 그 일례이다. **자신이 모르는 사항이 등장해서 그것을 묻는 경우에는** 「は」도 「が」도 쓰지 않고, 「というのは」혹은 회화체라면 「って」를 써야 한다.

5　코끼리가 코가 길다.

　　→ 象 <u>は</u>　 鼻が長い。

　　　　が(×)

 일본어 교육에서 말하는 「~は~が」 구문이다.

　　• 東京は人が多い。

　• 佐藤君は話がうまい。

와 같은 문장에서는 한국어에서와 같이 「~가 ~가」(~이~가) 라고 할 수는 없다. 한국어는 「가・이」가 반복되는 것도 피하지 않고, 또한 「는・은」의 의미도 일본어의 「は」보다 대조 의식이 강하므로

- 코끼리가 코가 길다.
- 개나리가 꽃이 피었다.

와 같이 「～가 ～가」 구문도 가능한 것 같다.

- 코끼리는 코가 길다

라고 하면 대조의 느낌이 들어 「기린이나 사자는 코가 길지 않으나 코끼리는 길다」는 느낌을 줄 것이다. 하지만 일본어에서는 특별히 「は」를 강조해서 발음하지 않는 한 그런 느낌을 주지 않는다.

6　A「후지산하고 아소산하고 어느 것이 더 높습니까?」
　　→ 富士山と阿蘇山とどちらが高いですか。

　　B「후지산이 더 높습니다.」
　　→ 富士山　の方が　　阿蘇山より高いです。
　　　　　　　が(×)
　　　　　　　がもっと(×)

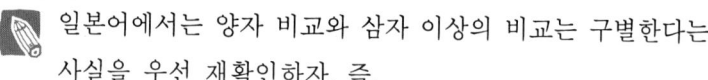 일본어에서는 양자 비교와 삼자 이상의 비교는 구별한다는 사실을 우선 재확인하자. 즉,

- 양자 비교

AとBとどちらが～か。

　　― Aの方がBより～。

- 삼자 이상의 비교

AとBとCの中で　何が　一番～か。
　　　　　　　　（誰が・どこが・いつが……）

　　― Aが一番～

문제 문장은 양자 비교이므로 「が」만이 아니라 「方」를 붙여서
「の方が」로 해야 맞는다. 한국식으로 「富士山が阿蘇山より高い」
라고 하면, 일본어에서는 세 가지 이상의 비교로 알고, 화제가 되
고 있는 것은 富士山과 阿蘇山만이 아니라 「富士山と高尾山と
御岳山の中でどれが阿蘇山より高いですか。」라는 질문에 대한
답이 되고 만다.

더욱이 한국어에서는 양자간 비교 구문에 「A가 B보다 더~」라
는 형태로 비교 구문에 이미 「더」가 들어 있다. 이것을 일본어의
「もっと」그대로 해석하여 단순한 비교 구문에 사용하는 일이
있는데 이것은 오류이다. 「もっと」는 「훨씬」의 뜻으로 비교를
더욱 강조하는 기능을 가진다. 예를 들면

- 韓国より日本の方が大きい。

  (한국보다 일본이 더 크다.)

- 日本より中国の方が<u>もっと</u>大きい。

  (일본보다 중국이 **훨씬** 더 크다.)

와 같은 의미 차이가 있다.

어디까지나 한국어 비교 구문은 「A가 B보다 더~」라는 형식이
하나의 구문임을 인식하여, 일본어로 옮길 때 「더」 대신에 「もっ
と」를 쓰지 않도록. 「もっと」는 「훨씬」의 의미를 첨가하고 싶
을 때에만 쓴다.

 비교문과 관련해서 한국인이 자주 잘못 쓰는 말에 「둘 다」
가 있다.

- A 「夏と冬とどちらが好きですか。」

  B 「両方とも　好きです。」

  　どちらとも(○)

  　二つみんな(×)

이것은 「両方とも」「どちらとも」로 해야 말이 된다. 「みんな」는 삼자 이상 비교에만 쓰는 말이므로 양자 비교에는 쓸 수 없다. 또, 「여름」도 「겨울」도 물건이 아니기 때문에 「ひとつ、ふたつ、みっつ……」하고 뺄 수 없다.

1. 단순히 답을 알고 싶은 의문문에서는 「が」를 쓰지 않는다.
   • 「は」의문문 : 단순히 답을 알고 싶어서 하는 의문문.
   • 「が」의문문 : 어떤 의심을 가진 의문문.

2. 자신이 모르는 말을 물을 때는 「が」가 아니라 「というのは」「って」를 쓴다.

3. 일본어에는 「〜が〜が」와 같은 「が」가 반복되는 것을 피한다.

4. 양자간 비교는 「が」가 아니라 「の方が」를 쓴다.
   「もっと」는 「훨씬」의 뜻을 첨가할 때만 쓴다.
   양자간 비교문과 삼자간 비교문을 구별할 것.

5. 한국어에서는 「가・이」 하나로 다 통용되는데 일본어에서는 다른 말로 구별하는 점으로 보아 한국어 「가・이」가 일본어 「が」보다 의미나 사용 영역이 더 넓다. 「가・이」=「が」는 결코 아니다.

2 こ・そ・あ / 이・그・저 (1)

다음 일본어 문장은 한국어로, 한국어 문장은 일본어로 옮기시오.

1. (学内を案内して)

   この建物は政経学部です。その建物は文学部です。

   ○

2. (一緒にテレビを見ていて)

   この人、誰？

   ○

3. (テーブルに向かい合って座っている。相手に近い砂糖を指して)

   そのお砂糖、取って。

   ○

4. (一人言で)

   그 때 내가 사과했더라면….

   ○

5. (一緒に参加した同窓会の写真を見ながら)

   A「동창회 때 찍은 사진이지요?」

   ○

   B「네, 그 때는 정말 즐거웠지요!」

   ○

6. A「하야시 씨가 안 보이네요.」

   ➡

   B「그 사람은 항상 지각을 하네요.」

   ➡

7. 여기가 그 유명한 국기관입니까?

   ➡

8. A「하야시 씨가 안 보이네요.」

   ➡

   B「하야시 씨라고요? 그 분이 어떤 분입니까?」

   ➡

9. 어제 옛날 친구를 봤는데요, 그 친구가 취직 자리를 알아봐 준다
   더군요.

   ➡

10. A「저번에 선을 봤거든요. 상대는 26살인데, 서울대를 나와 S상
    사에서 일을 한대요.」

   ➡

    B「잘 됐네요. 그런데 그 사람의 반응이 어땠어요?」

   ➡

![정답과 해설]

「こ・そ・あ」와 「이・그・저」, 즉 지시사는 한일어에서 거의 일대일 대응이 가능한데 자세히 보면 그렇지 않은 부분이 꽤 많다. 그러나 일본어를 배울 때도 한국어적인 발상에서 지시사를 쓰기 때문에 오류가 많고, 또한 쓰는 본인은 잘못 쓴다는 의식조차 없이 고급반까지 진급하는 경우도 많다. 지시사를 잘못 쓰면 상대에게 오해를 일으키는 수도 있으므로 여기서 철저히 한일어 지시사의 차이점을 파악해 두자.

1 (学内を案内して)
この建物は政経学部です。その建物は文学部です。

→ (학교 안을 안내하며)

이 건물은 정경 대 입니다. 저 건물은 **문과대** 입니다.
　　　학부(△)　　　그(△)　　　문학부(△)

눈앞에 실제로 보이는 물건을 가리킬 경우, 자신이 상대와 같은 곳에 있다고 인식할 때,

같은 자리	近称	中称	遠称	
나	이	(그)	저	2체계
너	こ	そ	あ	3체계

와 같이 일본어에서는 자신과 상대가 있는 곳에서 가까운가 먼가에 따라 세 단계로 나눠서 사물을 가리킨다. 이에 비해 한국어는 기본적으로 「이・그・저」라는 세 체계가 있으나, **눈앞에 실제로 보이는 사물을 가리키는 경우**, 「이」와 「저」의 두 체계가 실제적으로 쓰이고 있다. 즉, 자신들에게 가까운 것은 「이」, 먼

것은「저」로 가리킨다. 예를 들면, 같이 거리를 걸으면서 건물을
가리킬 때,「이 건물」과「저 건물」두 가지만 있고,「그 건물」
이라고 가리키는 대상이 없는 것이다. 일본어로는 가깝지도 멀지
도 않은「その建物」라는 범위기 있는 것과 대그적이다. 일본이
「そ」가 한국어「저」에 해당하는 경우이다.

2　(一緒にテレビを見ていて)
この人、誰?

→ (함께 텔레비전을 보며)

저　사람. 누구야?

이(△)

🖊 문제 문장은 일본어로 하면「あの人」라기보다「この人」라
고 하는 편이 보통이다.「あの人」라고 하면 TV가 아주 먼
데에 놓여 있다는 느낌을 준다. 일본 사람들은 TV 속에 출연하
는 사람도 같은 안방에 있다고 느끼는지「こ」로 가리킨다.
그런데 한국어에서는「너」와「나」는 같은 안방에 있지만 TV 출
연자는 먼 데에 있다고 느끼는지「저」라고 하는 경우가 많다.

일본어	한국어
TV 나　너 같은 곳 =「こ」	TV ↑ 나　너 먼 곳 =「저」

「너」와「나」이외의 제3자를 어떻게 인식하는지가 한국어와 일
본어의 차이점이다. 한국어로「아니 이 사람 누구야?」하는 식
의 표현을 하니까 별 차이가 없다고 생각하는 사람에게 다음의
예를 하나 소개한다.

세 사람 이상이 함께 모여 있는데 한 사람이 엉뚱한 행동을 했
다. 그 사람을 보고 다른 사람들은 무엇이라고 말할 것인가? 일
본어로는

• 「どうしたの、このひと?」

라고 즉, 다 같은 곳에 있다고 느끼는 지시사「こ」를 쓰는데 한
국어는

• 「저 사람 좀 봐!」

라고 하여「우리」와 떨어진 곳에 있다는 표시「저」를 쓴다.
(주의 : 지시사에서 말하는「가깝다」「멀다」는 물리적인 거리가
아니라 정신적 거리감을 의미한다.)

3 (テーブルに向かい合って座っている。相手に近い砂糖を指して)
そのお砂糖、取って。
→ 저 설탕, 좀 집어 줄래?

일본어에서는 나보다 상대에게 더 가까운 곳에 있는 물건
은「そ」로 가리키는데, 한국어에서는 나에게서 먼 곳에 있
으면「저」로 가리킨다. 문제 1, 2는 나와 너가 같은 곳에 있는 경
우로, 제3자와의 거리가 기준이 되었는데 여기서는 나와 너가 대
립되는 관계에 있는 경우를 살펴본다.

일본어	한국어
나에게 가까운 것 = こ 너에게 가까운 것 = そ 너와 나에게서 먼 것 = あ	나에게 가까운 것 = 「이」 나에게서 먼 것 = 「저」

한국어는 「나」를 중심으로 가까운가 먼가를 판단하는 데 비해 일본어는 「나」만이 아니라 「너」와의 관계를 고려해서 지시사를 골라야 된다. 칼럼 「일본어 커뮤니케이션」에서 보았듯이 일본 사람들은 대인 관계에 신경을 많이 쓰는 문화 속에서 살고 있어서 그런지 지시사의 쓰임에서도 그것을 확인할 수 있다. 언어적으로도 상대를 배려하면서 살고 있다고 볼 수 있겠다.

4 (一人言で)

그 때 내가 사과했더라면….

→ (혼잣말로)

あの 時、私が謝っていたら…。

その(×)

이번에는 눈앞에 보이는 사물을 가리키는 것이 아니라 마음속에 떠오른 것을 가리키는 경우를 살펴본다. 문제의 문장은 **혼잣말**, 즉 혼자 회상을 하고 있는 장면인데 이런 경우 한국어로는 「그」로 가리키지만 일본어는 「あ」를 쓴다.

5 (一緒に参加した同窓会の写真を見ながら)

A 「동창회 때 찍은 사진이지요?」

→ (함께 참가한 동창회 사진을 보면서)

「同窓会の時撮った写真でしょう?」

B 「네, 그 때는 정말 즐거웠지요!」

→ 「ええ。**あの** 時は本当に楽しかったですね。」

     その(×)

문제 4와 마찬가지로 과거 회상이어서 「あ」를 쓰는 것은 아니다. 이번에는 혼자만의 회상이 아니고 듣는 이가 있다. 그리고 듣는 이도 알고 나도 아는 경우에 「あ」를 쓴다는 법칙이다.

6 A 「하야시 씨가 안 보이네요.」

→ 「林さんが見えませんね。」

B 「그 사람은 항상 지각을 하네요.」

→ 「**あの** 人はいつも遅刻しますね。」

     その(×)

따라서 과거가 아니라 현재에 대해서도 듣는 이와 말하는 이가 둘 다 아는 일(사람・사물)을 가리키는 경우도 「あ」를 쓴다.

7 여기가 그 유명한 국기관입니까?

→ ここが　**あの**　　有名な国技館ですか。

かの(○)

その(×)

✏️ 같은 이치로 말하는 이인 「나」 외에도 많은 사람들이 아는 것을 가리키기 때문에 이런 경우도 「あ」를 쓴다. 혹은 「あ」의 옛 형태인 「か」도 OK이다.

8 A 「하야시 씨가 안 보이네요.」

→ 「林さんが見えませんね。」

B 「하야시 씨라고요? 그 분이 어떤 분입니까?」

→ 「林さんですって？　**その**　方、どういう方ですか。」

あの(×)

✏️ 문제 6과 다른 점은 하야시 씨를 한쪽이 모른다는 점이다. 말하는 이나 듣는 이나 어느 한 사람이 화제가 되고 있는 대상을 모르는 경우 「あ」로 나타낼 수는 없다. 이런 경우에는 「そ」를 쓴다. 다시 말하면 일본어에서는 **나와 너가 둘 다 아는 것은 「あ」, 어느 한쪽이 모르는 것은 「そ」로 가리킨다.** 한국어에서 항상 「그」를 쓰는 것을 보면 여기서도 일본어가 상대 「너」를 얼마나 의식하고 배려하는 언어인가를 재차 느낄 수 있다.

9 어제 옛날 친구를 봤는데요, 그 친구가 취직자리를 알아봐
준다더군요.

→ 昨日昔の友達 に 会ったんですが、 その 友達が就職
　　(きのうむかし)(ともだち)　　(あ)　　　　　　　　　　(ともだち)(しゅうしょく)
　　　　　　　を(×)　　　　　　あの(×)

口を探してくれると言ってくれたんです。
(くち)(さが)　　　　　　(い)

이제 아시다시피 나는 알고 듣는 이가 모르는 대상이므로
「そ」로 가리켜야 한다. 한국어로도 「그」로 가리키는 문장
이라 오류는 적을 듯하지만 뜻밖에 많은 한국인이 「あ」를 쓰는
오류가 발생한다. 문제 4에서 보았듯이 「회상은 あ다」라고 생각
해서 그런 것일까? 그러나 이처럼 듣는 이가 모르는 대상에 대
해 회상의 「あ」를 쓰면, 혼자 과거의 추억에 젖어 있는 느낌을
상대에게 줌으로써 상대를 회화 도중에 내버려 둔 것 같은 인상
을 준다. 상대를 배려하는 일본 문화에서는 이런 오류도 실례가
되기 때문에 주의해야 한다.

10 A 「저번에 선을 봤거든요. 상대는 26살인데, 서울대를 나와
S상사에서 일을 한대요.」

→ 「この前 お見合いをしたんです。相手の人は26歳で、ソ
　　　　　　(み あ)　　　　　　　　　(あいて)
　あの前(×)

ウル大卒でS商社に勤めているんですって。」
(だいそつ)(しょうしゃ)(つと)

B 「잘됐네요. 그런데 그 사람의 반응이 어땠어요?」

→ 「良かったですね。それで その 人の反応はどうでしたか。」
　　　　　　　　　　　　　　　　　　　(はんのう)
　　　　　　　　　　　　　　あの(×)

우선 「저번에」는 「この前」이지 「あの前」라는 말은 없다. 「저번에」의 「저」는 지시사가 아니다.

 둘 다 아는 것은 「あ」로 가리킨다고 해도 **지금 막 알려진 대상에 대해서는 역시 「あ」를 쓸 수 없다.** 알려 준 자리에서 계속되는 회화 속에서 끝까지 「そ」로 가리켜서 너는 알지만 나는 모른다고 표시해야 한다. 그런데 이런 경우에 너도 나도 안다는 「あ」를 쓰게 되면 어떨까? 「어? 그 남자를 안다는 말인가?」하고 친구가 엉뚱한 의심을 갖게 될지도 모른다.

단, 며칠 지난 후에 다시 이 날의 이야기를 계속할 경우는, 나도 너도 안다는 「あ」를 써서,

- 「お見合いしたっていう、あの人とは、どう?うまくいっている?」

라고 물어 볼 수 있다.

1. 눈앞에 있는 사물을 가리킬 경우

너와 나가 같은 곳에 있다고 인식할 때		
	일본어	한국어
가까운 것	こ	이
가깝지도 멀지도 않은 것	そ	
먼 것	あ	저

너와 나가 대립되는 입장에 있다고 인식할 때		
	일본어	한국어
나에게 가까운 것	こ	이
너에게 가까운 것	そ	그
너와 나에게서 먼 것 (혹은 나에게서 먼 것)	あ	저

2. 마음속에 있는 대상을 가리킬 경우. (눈앞에 보이는 대상이 아님)

	일본어	한국어
혼자 하는 회상	あ	그
둘 이상의 회화	너나 나나 어느 한쪽은 모르는 것 =そ 너도 「나」도 아는 것=あ	누가 알고 모른다 는 구별 없이= 그

 こ・そ・あ/이・그・저 (2)

다음 한국어 문장을 일본어로 옮기시오.

1. 눈이 나빠서 그런지 잘 안 보입니다.
   ◐

2. A「그렇게 자신감에 넘치던 하야시 씨가 보기좋게 실패하더군요.」
   ◐

   B「그래서 그런지 오늘은 힘이 없더군요.」
   ◐

3. 그렇지 않아도 방이 없는데 독방을 원하신다고요?
   ◐

4. 속이 안 좋은데 점심을 굶을 걸 그랬어요.
   ◐

5. A「스키 타세요?」
   ◐

   B「네, 그래요.」
   ◐

6. A「내 탓인가요?」

  ○

  B「그게 아니라 모두가 다 주의하자는 말이에요.」

  ○

7. 기무라 씨는「해 봤자 소용이 없다」고 그렇게 말했다.

  ○

8. 너는 일본 사람이고 나는 한국 사람이다. 그러나 그 이전에 같은
  인간이다.

  ○

9. 문화, 그 자체에 대해서 논의합시다.

  ○

10. 일본 사회의 그 무엇이 그 사람을 고민하게 만들었을까?

  ○

11. 이것저것 물건을 만지며 고르는 것이 보통이다.

  ○

정답과 해설

이제 지시사 용법 자체가 아니라 지시사가 들어 있는 문형을 살펴보
자.

1 눈이 나빠서 그런지 잘 안 보입니다.
→ 目が悪い **せいか** よく見えません。
　　ためか(○)
　　からか(∪)
　　悪くてそうか(×)

🖊 한국어 「～해서」에 해당하는 일본어 「～して」는 결과를
　　나타내는 것이지 적극적으로 이유를 표현하는 것은 아니다.
거기에 대해서는 **문법편 제9장**에서 자세히 살펴보겠는데, 여기
서도 「～해서 그런지」가 「～してそうか」는 아닌 것을 기억해
두자. 「～해서 그런지」는 「～ためか」「～せいか」「～からか」
등 **이유** 표현을 써야 한다.

2 A 「그렇게 자신감에 넘치던 하야시 씨가 보기좋게 실패하
　　더군요.」
→ 「**あんなに** 自信に溢れた林さんが見事に失敗したんですよ。」
　　そんなに(×)

B 「그래서 그런지 오늘은 힘이 없더군요.」
→ 「**そのせいか** 今日は元気がなかったですね。」
　　そのためか(○)
　　それでそうか(×)

🖊 A씨 말 중의 「あんなに」에 주의해야 한다. A씨도 B씨도
　　둘다 하야시 씨를 안다는 것을 추측할 수 있으므로 말하는
이도 듣는 이도 안다는 표시인 「あ」를 쓰는 것이다. 직역하여
「そ」로 하면 안 된다.

또한 문제 1과 마찬가지로 「그래서 그런지」를 직역하여 「それ
でそうか」라고 하지 말 것,

3 그렇지 않아도 방이 없는데 독방을 원하신다고요?
→ <u>それでなくても</u> 部屋^{へや}がないのに 一人部屋^{ひとり べや} をお探^{さが}し
ただでさえ(○)　　　　　　　　独房(×)

ですって?

　　「그렇지 않아도」는 「それでなくても」혹은 「ただでさえ」
가 된다. 그런데 「ただでさえ」는 뒤에 「~のに」등을 수반
해서 **불평**을 하는 문형에만 쓰면 오류가 생기기 어렵다.
• <u>ただでさえ</u>暑いのにこう人が多くてはやりきれない。
이런 경우는 「それでなくても」로 대치해서 쓸 수 있는데 다음
문장과 같은 경우는 「ただでさえ」를 쓸 수 없게 된다.
• すみません。お電話をいただきまして。<u>それでなくても</u>こち
らからおかけしようと思っておりました。

　　「독방」을 「独房^{どくぼう}」로 하지 않았는지. 「独房」는 감옥 속의
독방을 뜻한다. 일반 주택의 「독방」은 「一人部屋^{ひとり べや}」이다.

4 속이 안 좋은데 점심을 굶을 걸 그랬어요.
→ おなかの 調子^{ちょうし} が悪いんだから昼^{ひる}ごはんは
具合^{ぐ あい}(○)

抜(ぬ)けばよかった。
食(た)べなければよかった(○)
食(た)べるんじゃなかった(○)…(구어체)

🖊 「調子」와 「具合」의 차이점은 「調子が悪い」쪽이 평상시
　 와 조금 달라 이상하다고 느끼는 정도인 데 대해, 「具合(ぐあい)が
悪い」라고 하면 설사가 나거나 해서 본격적으로 병이 난 것을
뜻한다.

🖊 「~할 걸 그랬다」는 「~すればよかった」가 되며 **후회**를
　 나타낸다. 문제 문장에서 「굶다」라는 동사를 「ごはんを抜(ぬ)
く」라는 표현을 쓰면 「抜けばよかった」가 되는데 이 단어를 모
르는 경우 「食べない」의 부정형을 사용하여 「食べなければよ
かった」라고 해도 된다.
「~하지 말 걸 그랬다」는 당연히 「~しなければよかった」 혹은
「~するのではなかった」라는 문형이 된다. 얼핏하면 문형으로
보기에 너무 쉬운 것이라 의식하지 않고 그냥 지나쳐 버리는 경
우가 종종 있는데, 이것이 문형이라는 것을 염두에 두지 않으면,
나중에 일본어 문장을 한국어로 옮길 때 「~하지 않는 것이 좋
았다」와 같은 적당하지 못한 한국어 문장을 만들게 되니 주의하
도록 하자.

5　A「스키 타세요?」
　　→「スキーは　しますか。」
　　　　できますか(○)
　　　　乗(の)りますか(×)

> B 「네, 그래요.」
> → 「はい、**します。**」
>   できます(○)
>   そうです(×)

🖊 우선 스키는 「する」(하는) 것이지 「乗る」(타는) 것이 아니다. 스케이트도 마찬가지이다.

🖊 여기서 중요한 점은 한국어 「그렇다」가 **대동사**(代動詞)로 폭넓게 쓸 수 있는 데 비해 일본어 「そうだ」는 그렇지 못하다는 것이다. 「しますか」라는 질문으로 「する」라는 동사로 물어 온 경우 「はい、します/いいえ、しません」과 같이 「する」를 써서 대답해야 한다.

「そうです」의 형태로 「そう」를 사용할 수 있는 것은,

- A 「あなたは学生ですか。」

    B 「はい、そうです。」

와 같이 질문에 「です」가 포함되는 경우나,

- A 「一人で来ましたか。」

        ‖

    B 「はい、そうです。」

와 같이 **상대의 질문 전체에 대해 대답**하는 경우뿐이다. 「スキーはしますか。」의 문장과 「一人で来ましたか」의 문장은 비슷하지만 구조가 다르다.

「スキーはしますか。」는

- 물음 スキーは ┌ しますか   • 대답 ┌ します
              └ しませんか   └ しません

「一人で来ましたか。」는

- 물음　一人で ┌ 来ましたか
　　　　　　　 └ 来ませんでしたか

라는 질문이 아니라

- 물음 ┌ 一人で来ましたか。
　　　 ├ (二人で来ましたか。)
　　　 ├ (友達と一緒に来ましたか。)
　　　 └ (ご両親と一緒に来ましたか。) …

라는 질문이기 때문에, 질문 전체를 「そうです」로 가리켜

- 물음 ┌ 一人で来ましたか。
　　　 ‖
- 대답 └ そうです。

라고 대답할 수 있는 것이다.

6　A 「내 탓인가요?」
→ 「私のせいですか。」

B 「그게 아니라 모두가 다 주의하자는 말이에요.」
→ 「そうではなくて、みんなで気をつけようということです。」
　　それではなくて(×)

「그게 아니라」는 「そうではなくて」와 「それではなくて」의 두 종류의 뜻을 갖고 있는데 이것을 잘 구별해서 써야 한다.
우선 「そうではなくて」는 앞에 나온 이야기 내용을 가리키는 것으로,

- A「休暇<ruby>休暇<rt>きゅうか</rt></ruby>でいらっしゃったのですか。」
  ‖
  B「いいえ、<u>そう</u>ではなくて出張<ruby>出張<rt>しゅっちょう</rt></ruby>なんです。」

와 같은 경우에 쓰는데, 한편 「<u>それ</u>ではなくて」는 **구체적인 물건**을 가리킨다. 예를 들면,

- A「こちらの赤いのが先生の傘ですか。」
  B「いいえ、<u>それ</u>ではなくて青い方のです。」
  ‖
  赤い傘

와 같이 눈앞에 가리키는 대상물이 실제로 존재하는 경우에 쓰게 된다. (단, 상대의 발언 전체를 「それ」로 지시하는 경우도 있는데, 그것과 「そうではなくて」 「それではなくて」라는 문형의 차이는 별개로 아는 편이 좋다.)
문제 문장에서는 상대의 발언 전체를 가리켜 이것을 부정하는 것이므로 「そう」를 쓴다.

7 기무라 씨는 「해 봤자 소용이 없다」고 그렇게 말했다.
→ 木村<ruby>木村<rt>きむら</rt></ruby>さんは「やってもしょうがない」と <u>そう</u> 言<ruby>言<rt>い</rt></ruby>った。
  そんなに(×)

한국어 「그렇게」는 단순히 내용을 나타낼 때도, 정도를 나타낼 때도 쓸 수 있으나 일본어는 이것들을 다른 말로 구별해서 써야 한다. 즉, 문제 6의 해설에서도 보았듯이 그저 **내용**을 가리키는 경우는 「そう」를 쓰고, **정도**를 가리킬 때에는 「そんなに」를 쓴다. 예를 들어

- 一日三食ラーメンですって？**そんなに**(그토록)ラーメンが好きなのですか。

와 같이「**그토록**」에 해당하는 경우에 쓰이는 것이「そんなに」이기 때문에 문제 문장과 같이 단 한 마디 말을 가리켜「そんなに」(그토록)라 할 수는 없다.

8 너는 일본 사람이고 나는 한국 사람이다. 그러나 그 이전에 같은 인간이다.

→ あなたは日本人で私は韓国人だ。しかし **それ以前** に その以前(×)

同じ人間だ。

9 문화, 그 자체에 대해서 논의합시다.

→ 文化、**それ自体** について話し合いましょう。
その自体(×)
そのもの(○)

각각「その以前」「その自体」로 하지 않도록.「それ以前」「それ自体」라고 하나의 세트로 외우자.「그～」는 아래와 같이 어떤 때는「その～」가 되고 어떤 때는「それ～」가 되기 때문이다.

	○	×
그 이전	それ以前 その前	その以前 それ前

3. こ・そ・あ/이・그・저 (2) • 151

그 이후	それ以後 その後(あと・のち)	その以後 それ後
그 자체	それ自体 そのもの	その自体 それもの

10 일본 사회의 그 무엇이 그 사람을 고민하게 만들었을까?

→ 日本社会の **何が** あの人を苦しめたのだろうか。

その何が(×)

🖊 한국어 「그」에는 일본어 「そ」에는 없는 기능으로 **강조**의 「그」가 있다. 이런 경우에 쓰이는 「그」는 어떤 일을 가리키는 것이 아니라 뒤에 따르는 의문사를 강조하는 것이며 이 경우의 「그」는 일본어로 옮길 수가 없으므로 생략할 수밖에 없다. 혹은 「도대체」의 뜻을 포함하여 「一体」를 써도 된다.

비슷한 문장으로

• 그 누구보다도 너를 사랑하고 있어.

→ **誰よりも** 君を愛している。

その誰よりも(×)

• 그 어느 때보다도 기뻐했다.

→ **いつになく** 喜んだ。

今までになく(○)

かつてなく(○)

そのどの時より(×)

와 같은 경우가 있는데 결코 「그」라고 해서 「その」를 붙이지 않도록 주의하자.

11 이것저것 물건을 만지며 고르는 것이 보통이다.

→ **あれこれと** 品物を触りながら選ぶのが普通だ。
   これあれ(x)

 한국어와 일본어는 지시사 대립이 다르다. 대개 문제의 문장과 같이 순서가 거꾸로 되는 경우가 많다.

- 여기저기 : あちこち
- 이리저리 : あれこれ・あちらこちら
- 이렇다저렇다 : ああだこうだ
- 이러쿵저러쿵 : あれこれと

그런데 순서를 거꾸로 하면 안 되는 것에 주의를 해야 한다.

- 이럴 수도 없고 저럴 수도 없다 :
  どうにもこうにもならない・にっちもさっちもいかない
- 이럭저럭 : どうにかこうにか・かれこれ

하여튼 게을리 하지 않고 확실히 하기 위해 사전을 찾는 일이 필요하다.

1. 문형은 문형대로 외우자.

- ~해서 그런지 : ~からか・~せいか・~ためか
                ~てそうか(x)
- 그렇지 않아도 : そうでなくても・それでなくても
- ~할 걸 그랬다 : ~すればよかった

- ~하지 말 걸 그랬다 : ~するのではなかった・~するんじゃ
    なかった・~しなければよかった
- 그게 아니라 : (구체물) それではなくて
    (발언의 내용) そうではなくて

2. 일본어「そうです」에는 대동사 기능이 없다.

3. 한국어「그렇게」: 발언 내용을 지시「そう」
    정도「そんなに」
  「そう」와「そんなに」는 같지 않다.

4. 일본어「その」에는 강조 기능이 없다.

5. 지시사 대립은「이것저것」→「あれこれ」가 되듯이 대개 순서가
  거꾸로 되지만 예외도 적지 않으므로 사전으로 확인하는 것이 바
  람직하다.

시제·상 ～た・～ている
/～았 ·～었 기타 (1)

다음 한국어 문장을 일본어로 옮기시오.

1. 아기가 엄마 많이 닮았군요.

2. 달은 어느 쪽에 떴나?

3. 더 드시죠. 음료수도 많이 남았어요.

4. 실례지만 결혼하셨습니까?

5. 언제 결혼하셨어요?

6. 지갑이 어디 갔지?…… 어! 여기 있네!

7. 버스가 통 안 오네요.…… 앗! 온다.

8. 어머, 비가 오네. 빨래 거둬야지.

    ➡

9. 우왓! 사람이 죽었어!

    ➡

10. 성이 「스즈키」 씨였던가?

    ➡

정답과 해설

「시제·상」이 서로 겹치는 점에서 한일어는 비슷한데, 「아니, 상이 뭔데?」라고 하는 분들이 많을 테니까 어려운 이야기는 빼놓고 여러분 이 잘못 쓰기 쉬운 문장을 하나씩 보면서 차이점을 확인해 가자.

1 아기가 엄마 많이 닮았군요.
    → お子さん、**お母さんに   よく似ていますね。**
                    たくさん似ました(×)

        お母さん似ですね(○)
        お母さんにそっくりですね(○)

✏ 본제에 들어가기 전에 「많이」는 「たくさん」으로 하지 않 았는지 확인하자. 한국어 「많이」가 수량뿐만 아니라 정도 도 나타낼 수 있는 데 비해 일본어 「たくさん」은 **수량만 나타내 고, 정도는 「たいへん·とても」로 나타낸다.**

📝 과거형이라는 것이 언제나 과거만을 나타내는 것이 아니라
는 점을 기억해 두자. 우선 한국어 「～았・～었」을 「～아
・～어 있다」로 대치할 수 있는 경우, 일본어로는 「た」를 쓸 수
없다. 예를 들면, 「닮았다」는 「닮아 있다」로 바꿀 수 있는데 이
런 문장은 일본어에서 「似た」라는 과거형은 쓰지 않고 반드시 「似
ている」를 써야 한다.

2

달은 어느 쪽에 떴나?
→ 月はどっちに **出ている**？
　　　　　　　浮いている(×)

📝 이것도 마찬가지로 지금 현재 「떠 있는」 달을 가리키며 말
하는 문장이라면, **상태**를 나타내는 「ている」를 써서 「出て
いる」로 해야 맞는다(문제 6에서는 **발견**의 뜻). 만약 「出た」라는
과거형을 쓴다면 오늘(지금) 떠 있는 이 달을 가리키는 것이 아
니라, 어제나 그저께의 달을 이야기하는 것이다.

3

더 드시죠. 음료수도 많이 남았어요.
→ もっとお召し上がりください。**飲み物** もたくさん
　　　　　　　　　　　　　　　飲料水(×)

　残っています。
　残りました(×)

📝 우선 한국어에서 「음료수」는 한자로 쓰면 「飲料水」이나
그대로 일본어로 쓰게 되면 뜻이 변해 버린다. 한국어 「음

료수」가 주스·콜라·사이다 등을 뜻하는 데 비해, 일본어의 「飲料水^{りょうすい}」는 「공업용도 빨래용도 아닌 **마시는 물**」을 뜻한다.
굳이 「공업용이 아닌」이라는 뜻이 첨가된 말이 필요없는 문제의 문장과 같은 경우 「飲み物^{もの}」라는 말이 더 적당하다.

「남았어요」는 두 가지로 해석이 가능하다. 하나는 파티가 다 끝난 뒤에 「남았다」고 할 때로 이것은 「残^{のこ}った」가 된다.
그러나 문제 문장과 같은 또 하나의 경우, 즉 파티가 계속되고 있는 상태에서 현재 「남아 있다」고 할 때는 **상태**를 뜻하는 「ている」를 써서 「残^{のこ}っている」가 된다.
되풀이하면, 첫째 포인트는 이제까지 보았듯이, 「았·었」 부분이 「아·어 있다」로 대치될 경우 「た」는 쓰지 않고 상태를 나타내는 「ている」를 써야 된다.

4 실례지만 결혼하셨습니까?
→ 失礼^{しつれい}ですが、 結婚^{けっこん}していらっしゃいますか。
結婚^{けっこん}しましたか(×)

지금부터는 앞에서 본 규칙이 적용되지 않는 문장이 나온다. 우선 「結婚^{けっこん}する」를 살펴보자. 교과서에 꼭 나오는데도 의외로 깜빡해서 오류를 범하는 일이 많다. **현재 상태**(순간이 아니라 폭이 넓다)를 물을 경우, 예컨대 「지금 현재 결혼 생활을 계속하고 있습니까?」라고 묻고 싶을 때는 「結婚^{けっこん}していますか」라고 **상태**의 「ている」를 써야 한다. 대답도 당연히 「結婚^{けっこん}しています·していません」이 된다.

5
언제 결혼하셨어요?
→ いつ <u>結婚<ruby>けっこん</ruby>なさいましたか</u>。
<u>結婚<ruby>けっこん</ruby>していますか</u>(×)

그러나 이번에는 현재 상태가 아니라 「언제 결혼 신청을 했습니까?」 혹은 「언제 결혼식을 올렸습니까?」라고 **과거의 어떤 시점**(점이니까 폭은 없다)에 대해 묻는 경우이다. 따라서 일본어에서도 한국어와 마찬가지로 과거형 「た」로 물어야 된다. 거기에 대한 대답도

• 昨年<ruby>さくねん</ruby>4月<ruby>がつ</ruby>に<u>結婚<ruby>けっこん</ruby>しました</u>。

라고 「た」를 쓴다.

따라서 「결혼했다」는 어느 시점, 즉, 현재 상태인지 과거 시점인지에 따라 「結婚<ruby>けっこん</ruby>し<u>ている</u>」「結婚<ruby>けっこん</ruby>し<u>た</u>」를 구별해서 써야 한다. 대개 「結婚<ruby>けっこん</ruby>し<u>た</u>」의 경우는 「いつ · どこで · 誰<ruby>だれ</ruby>と…昨年<ruby>さくねん</ruby> · 10年<ruby>ねん</ruby>前<ruby>まえ</ruby> · 春<ruby>はる</ruby>…」 등 한정하는 말들이 같이 쓰이기도 하므로 구별하기 쉽다.

6
지갑이 어디 갔지? … 어! 여기 있네!
→ 財布<ruby>さいふ</ruby> <u>は</u> どこに行ったかな？…あっ、ここに <u>あった</u>！
<ruby>が</ruby>(×)　　　　　　　　　　　　　　　　ある(×)

다음으로 **발견의 「た」**를 살펴보자. 지갑을 찾는데 겨우 찾았을 때, 그 순간에 하는 말이므로 당연히 「과거」는 아니다. **지금** 찾았지만 표현은 「た」를 쓴다. 이것은 **놀라움**을 가지고 발견하거나 **애타게 기다리던 것**이 나왔을 때에 사용하는 「た」

이다.

만약 이런 경우에 한국어와 같이 현재형을 써서 「あ、財布がある」라고 하면 **객관적**으로 사실을 묘사하는 문장이 되며, 놀라지도 않고 무표정하게 「아, 여기에 지갑이 있구나~」라고 멍하게 바라보는 느낌을 주기 때문에 어색하다.

7 버스가 통 안 오네요. ··· 앗! 온다.
→ バスが全然来ませんね···あっ！ 来た！
来る(×)

이것도 마찬가지이다. **오래 기다리던** 버스가 드디어 왔으니 그저 객관적으로 「来る」라고 하기보다 기쁨으로 발견했다는 「来た」를 쓰는 편이 더 상황에 맞는다.

8 어머, 비가 오네. 빨래 기둬야지.
→ あら、雨だわ。　　洗濯物を取り込まないと。
雨が降っている(○)
雨が降った(×)
雨が降る(×)

그러나 「발견」인 경우 「た」를 쓴다고만 생각하면 안 된다. 이 문장에서는 별로 기다리지도 않았는데 보니까 비가 오는 것이다. 「雨だ」도 「雨が降っている」도 가능하지만, 과거 「た」를 쓴 「降った」는 쓸 수 없다.

참고로 「雨が降っている」쪽은 문제 6의 해설에서 보았듯이 객관적으로 냉정(冷静)하게 묘사하는 느낌을 준다.

✏️ 다시 확인하면, 애타게 기다리던 것을 보았을 때 쓰는 「た」는 형식은 과거지만 결코 과거는 아니다. 예를 들면 망원경으로 자기 집을 찾고 있는데 발견하면 「見えた！」라고 한다. 또한 가뭄으로 비가 내리기를 애타게 기다리는데 겨우 비가 오면 「降った、降った！」라고 하는데, 이것은 과거의 일을 말하는 「た」와 구별해야 한다. **발견의 「た」**이다. 그렇다고 별로 기다리지도 않았는데 혹은 놀라지도 않았는데 모두 「た」를 쓰는 것도 어색하다. 발견의 「た」는 **애타게 기다리던 때**에만 쓰도록.

9   우왓! 사람이 죽었어!
  → うわーっ！人が **死んでいる**！
        死んだ(×)

✏️ 이와 같이 우연히 발견했을 때는 「た」를 써서 「死んだ」라고 해서는 안 된다. 기본으로 다시 돌아가 상태를 나타내는 「ている」를 써야 옳다.

그런데 여기서 한국어 직역식으로 「人が死んだ」라고 하면 **완료**의 뜻이 되어 「살아 있었는데 점차 숨이 약해져 드디어 죽었다」와 같은 상황 즉, 눈앞에서 사람이 죽어 가는 것을 계속 보다가 죽음에 이르렀다는 뜻의 「た」가 된다.

10   성이 「스즈키」 씨였던가?
  → **お名前(なまえ)**は鈴木(すずき)さんだった **かな**？
      姓(せい)(○)   かしら(○)…(여성어)

마지막은 한국어와 마찬가지로 생각이 났을 때에 쓰는 「た」
이다. 이것 또한 과거는 아니다. 예를 들면,

- *今日*は何日だっ<u>た</u>っけ？
- *来週*帰ってくるのだっ<u>た</u>かしら？

와 같은 것은 과거형 「た」를 쓰고 있으나 기능은 과거는 결코
아니다. 이런 용법은 한국어와 똑같으므로 별로 문제는 없지만,
다른 외국인 학생에게는 가르치기 힘든 부분이다.

1. 한국어 「았·었」에는 **현재 상태**를 나타내는 기능이 있는데 일본
   어 「た」에는 그 기능이 없으므로 「아·어 있다」로 대치할 수 있는
   「았·었」은 「ている」를 써야 한다.

2. 일본어 「た」는 과거만이 아니라 다른 기능도 가지고 있다.
   ① 완료(지금 막 끝났다·다 했다)
      - 눈앞에서 죽어 가는 것을 보고 마지막에 죽었을 때
        → あ、死んだ！
   ② 발견(단, 오래 기다리던 것, 애타게 기다리던 것에만 쓰도록)
      - 지갑을 찾고 있는데
        → あ、あった！
   ③ 생각이 났을 때
        → 今日何日だったっけ？

   특히 ①②의 용법은 한국어와 다른 점이 많으므로 주의를 해야
   한다.

다음 한국어 문장을 일본어로 옮기시오.

1. A「네가 범인이지!」

   ➡

   B「아니오. 나는 죽이지 않았어요.」

   ➡

2. A「〈서편제〉란 영화 봤어요?」

   ➡

   B「아니오. 아직 못 봤어요.」

   ➡

3. A「아침 먹었어요?」

   ➡

   B「아니오. (아직) 안 먹었어요.」

   ➡

4. A「아이고, 매워라!」

   ➡

   B「물을 갖다 줄 테니까 잠깐 기다려요.」

   ➡

5. 먼저 드시죠. 전 빨래 거둬서 금방 올 테니까요.

   ◑

6. (시장에서 앞에 가는 사람들에게)

   갑시다! 자! 꾸물거리지 말고요!

   ◑

정답과 해설

1　A 「네가 범인이지!」
　　→ 「おまえが犯人^{はんにん}だろう！」

　　B 「아니오. 나는 죽이지 않았어요.」
　　→ 「いいえ、私は　<u>殺^{ころ}していません。</u>」
　　　　　　　　　殺しませんでした(×)

　　✎ 한국어 과거형 「았・었」으로 표현할 때 일본어의 상태를
　　　 나타내는 「ている」를 쓰는 예가 또 하나 나왔다.

한국어와 달리 일본어 과거형 「た」에는 시간적인 폭이 넓지 않
다. 「죽이지 않았다」라고 하면 현재의 무고함도 뜻하지만 일본
어 「殺しませんでした」는 현재와 아무런 관계가 없다. 이런 경
우, 살인 사건 당시도 **현재 상태**도 결백하다는 것을 주장해야 되
므로 **상태**의 「ている」를 써야 한다.

2　A 「〈서편제〉란 영화 봤어요?」

→ 「〈西便制〉という映画、見ましたか。」

B 「아니오. 아직 못 봤어요.」

→ 「いいえ、**まだ見ていません**。」
　　まだ見ませんでした(×)
　　まだ見られませんでした(×)

　　이 문제는 기초 문법의 확인이다. 「まだ」에는 꼭 「〜てい
ない」가 따르는데 한국어식으로 「まだ〜なかった」라고 하
지 않도록. 그러나 만약 이 영화의 상영 기간이 끝나서 어느 극
장(일반 극장은 映画館(えいがかん)이라 하고, 劇場(げきじょう)는 歌舞伎(かぶき)나 연극 등을 공
연하는 곳을 말함)에서도 볼 수 없다면, 이것은 과거가 되어 「い
いえ、見ませんでした」 혹은 「見られませんでした」라는 대답도
가능하다.

3　A 「아침 먹었어요.」

→ 「朝ごはん、食べましたか。」

B 「아니오. (아직) 안 먹었어요.」

→ ① 「いいえ、まだ食べていません。」

② 「いいえ、食べませんでした。」

　　한국어는 「아직」이 있든 없든 뒤에 따르는 표현은 똑같은
데, 일본어는 「まだ」가 있는 경우와 없는 경우에 뜻도 다르
고 뒤에 따르는 표현 방식도 다르다. 이를테면, B①「まだ食べて
いません。」의 경우, 시간적으로 아침을 먹으려면 먹을 수 있는

시간대에 있고(즉, **과거는 아니다**) 앞으로 먹을지도 모른다는 것이다.

한편, B ②「いいえ、食べませんで<u>した</u>。」는 「た」로 표시되어 있듯이 완전 **과거**이어서 아침을 먹을 시간이 이미 지났거나, 앞으로 먹을 생각도 없는 경우이다. 상황이 어떤지에 따라 표현 방식을 구별해서 쓰도록 조심해야 된다.

---

4 A 「아이고, 매워라!」

　→ 「あ〜、辛(から)い！」

　B 「물을 갖다 줄 테니까 잠깐 기다려요.」

　→ 「水(みず)を持(も)ってきてあげるから、**待(ま)っていてください。**」

　　　　　　　　　　　　　　　　待ってください(×)

　　「ている」가 나온 김에 「〜<u>ていて</u>ください」와 「〜<u>て</u>ください」의 차이점에 대해서도 살펴보자. 「待ってください」는 상대의 동작을 중단시키는 뜻이고, 「待っていてください」는 「나는 일단 이곳을 떠나지만 금방 돌아올 테니 그 때까지 기다려 달라」는 뜻이다. 이를테면, 커피숍에서 이야기하다가 전화를 걸려고 자리를 떠날 때라면

　・ ちょっと待(ま)っ<u>てて</u>。 (待っ<u>ていて</u>의 구어체)

라고 할 것이고, 입대하려고 하는 남자가 애인에게 할 말은

　・ 除隊(じょたい)するまで待(ま)っ<u>ていて</u>くれるか。

일 것이다.

5 먼저 드시죠. 전 빨래 거둬서 금방 올 테니까요.

→ お先に **召し上がっていてください**。私は洗濯物を取り込
   召し上がってください(△)

んですぐ参りますから。

「先に召し上が<u>って</u>ください」라고 했을 때는 다 먹을 때까
지 돌아오지 않을 가능성이 높으나, 「先に召し上が<u>っていて</u>
ください」라는 표현은 먹고 있는 도중에 와서 같이 식사를 하게
될 것이라는 의미이다.

그럼 「～てください」와 「～ていてください」의 의미 차이를 힌
트로 다음 두 개 문장 중에 어느 쪽이 더 신혼인 남편에게 기쁜
말일지 생각해 보자.

　① 「先にお風呂に入ってください。」

　② 「先にお風呂に入っていてください。」

뒤에 따르는 문장을 상상하면

　① 先にお風呂に入ってください。

　　　→ 夕食はお風呂の後にしますから。

　② 先にお風呂に入っていてください。

　　　→ 後から私も入りますから、入って待っていてください。

와 같은 문장이 나올 것이다.

6 (시장에서 앞에 가는 사람들에게)

갑시다! 자! 꾸물거리지 말고요!

→ 行った、行った！ さあ、ぐずぐずしないで！

마지막으로 일본어 「た」중에서 재미있는 표현이 있는데 이것은 한국어에는 없는 기능이다. 「~た~た」라고 **두 번 연속으로** 수식어없이 짧게 쓰는 「た」는 「**지금 당장 ~하라**」는 **재촉하는 명령형**이다. 당연히 과거의 뜻이 아니다. 예를 들면,

- さあ、子供はさっさと寝た、寝た！
- (술자리에서) 一気に飲んだ、飲んだ！
- 関係のない人は帰った、帰った！

와 같이 쓴다. 이것들은 힘차고 기운 있는 말씨지만 정중한 말이 아니므로 상대방을 고려하여 말해야 한다.

1. 한국어는 「아직＋과거형 았·었」이 가능한데, 일본어는 「まだ＋ている·ていない」가 되어 과거형 「た」가 올 수 없다.

2. 「~ていてください」는 금방·꼭 돌아올 테니 그 때까지 기다려 달라는 뜻으로, 「~てください」와 뜻이 다르다.

3. 「た」는 과거만이 아니라 「~た~た」형식으로 재촉 표현도 있다.

4. 결국 「았·었」이 꼭 「た」와 일치되는 것은 아니고 속단은 금물이다.

6 ～だって・～という・～など 他
/~다고·~다는·~란 기타

다음 한국어 문장을 일본어로 옮기시오.

1. 남자 친구하고 화해했다고요?
   ⟳

2. 그러니까 현장에는 나도 갔다고요.
   ⟳

3. 학교에 늦는다고 아침도 안 먹고 갔어요.
   ⟳

4. 학교에 늦는다고 세수도 안 하고 갈 거니?
   ⟳

5. 일본이 밉다고 벚꽃까지 미워하지 말아 주세요.
   ⟳

6. 「비무장중립」이란 그림의 떡이다.
   ⟳

7. 피라미드 판매가 범죄가 된다는 것을 모른다는 사람들이 꽤 많았
   다.
   ⟳

8. 의리를 다하기란 매우 어렵다. 그렇다고 의리를 다 하지 못하면「의
   리를 모르는 인간」이라는 말을 듣게 된다.

   ➡

정답과 해설

1 남자 친구하고 화해했다고요?

→ <u>彼</u> と <u>仲直(なかなお)り</u> をしたん <u>ですって</u>?

ボーイフレンド(o)   和解(わかい)(△)   だって(o)

男の友達(×)

「～んですって?(여성)・～んだって?(남성, 혹은 반말)」는
「～다고(요)?」「～다면서(요)?」이며, 남에게 들은 정보를
상대에게 다시 물어 확인하는 질문이다. 여성어과 남성어, 혹은
반말로 나눴으나, 요즘에는 남녀의 담이 낮아지고 여자도 친구
사이라면「～だって?」라고 할 수 있다. 그러나 윗사람에 대해서
는 이 두 가지 표현은 실례가 되므로,「～そうですね」「～と何(うかが)
いましたが…」라고 하는 것이 더 좋다.

「남자 친구」는「男の友達」가 아니고「彼」「ボーイフレン
ド」이다.「男の友達(おとこともだち)」「男友達」는 끝까지「친구」이지 특별
한 남녀 관계가 아니다.
또한「和解」라는 한자말은 공적인 말이므로 재판이라도 한 듯
한 느낌을 주기 때문에 여기서는 어울리지 않는다.

2 그러니까 현장에는 나도 갔다고요.

→ <u>だから</u>　　現場には私も行きましたってば。
ですから(○)

🖊 같은 「〜다고(요)」인데 이번에는 질문이 아니라 **아까 한 말을 다시 되풀이해서 상대에게 강한 자기 주장을 하는 것으**로, 「〜ってば」를 쓴다. 「〜다니까(요)」도 똑같이 「〜(です)ってば」가 되는데, 예를 들어 「그게 아니라니까요」 하면 「そうではありませんってば」가 된다.

3 학교에 늦는다고 아침도 안 먹고 갔어요.

→ 「**学校に遅れるから」と言って**、朝ごはんも食べないで行き
「学校に遅れる」と言って(○)
「学校に遅れるから」と(○)

ましたよ。

🖊 본인이 실제로 말한 것을 인용할 때는 「〜と(言って)」이다.
문제 문장의 경우, 학교에 간 본인이 「늦으니까」라고 이유를 말한 것인지, 「늦겠다」고만 한 것인지 알 수가 없으므로, 「遅れるから」의 「から」는 있어도 되고 없어도 된다. 단, 주의할 점은 **단순한 인용**이라는 점이다. 이 점이 문제 4와 다르다.

4 학교에 늦는다고 세수도 안 하고 갈 거니?

→ 学校に遅れる **からと (言って)** 顔も洗わないで

からって(ㅇ)…(회화체)

と(×)

と言って(×)

行くつもり?

行く気(ㅇ)

이번에는 「〜다고」는 같아도 **앞문장이 뒷문장의 정당한 이유가 되지 않는다**는 뜻을 갖고 있으므로 문제 3과 같이 단순 인용은 아니다. 학교에 늦는 것(앞문장)이 세수하지 않는 것(뒷문장)의 정당한 이유가 되지 못한다고 주장하는 것이다. 따라서 「からと言って」「からって」(회화체)와 같이 반드시 「から」를 보충하는 것이 포인트이다. 한국어는 문제 3과 4를 구별하지 않고 같은 문형을 쓸 수 있으나 일본어는 딱 부러지게 구별한다.

• 단순한 인용 : 〜と(言って)

〜의 인용 부분에 이유 표현 「から」가 들어 있으면 「からと(言って)」가 되고 들어 있지 않으면 그대로이다

• 앞문장이 뒷문장의 **정당한 이유가 되지 않을 경우**는 「〜からと(言って)」로 꼭 「から」를 보충할 것.

「세수하다」에서 「洗手」라는 말은 없고, 「手を洗う」도 아니다. 「洗顔をする」는 딱딱한 말로 가족끼리 하는 회화에서는 어울리지 않는다.

그리고 「つもり」 대신에 「제정신이야?」라고 비난하는 「〜する気?」라는 표현도 있다.

5 일본이 밉다고 벚꽃까지 미워하지 말아 주세요.
→ 日本が憎い **からと言って** 桜まで憎まないでください。
   からと(○)
   といって(×)
   と(×)

🖉 이것도 문제 4와 같다. 원래「坊主憎けりゃ袈裟まで憎い」
   (중이 미우면 가사까지 밉다)는 것이 사람으로, 당연히「일
본이 미우니까 일본의 국화인 벚꽃도 밉다」는 것이다. 그런데 이
사람은「벚꽃에는 죄가 없으니 일본은 미워해도 벚꽃은 미워하
지 말아 달라」고 말하는 것이다.

여기서는 앞문장(일본이 밉다)이 뒷문장(벚꽃이 밉다)의 이유가
되지 않는다는 문형「～からと(言って)」가 맞는 표현이다. 한국
어 원문에 없는「から」를 꼭 붙이는 것에 주의한다.

6 「비무장중립」이란 그림의 떡이다.
→「非武装中立」 **など** 絵に描いたもちだ。
   なんて(○)

🖉 인용 부분을 **낮게 평가하는 경우**,「～란」은「など」「なん
   て」(회화체)를 쓴다. 이 문장에서는「비무장중립」이라는 개
념을「그림의 떡」과 같이 현실적이지 못한 것으로 낮게 평가하
고 있으므로「など」「なんて」를 쓰는 것이다.

참고로 **평가를 포함하지 않는 주제 제시**는「というのは」「とは」
「って」(회화체)를 쓰며,「など」「なんて」와 구별한다. 예를 들면,

• 愛**とは**何か。(사랑**이란** 무엇인가?)

와 같이 **정의(定義)** 하거나,

• かき氷**って**おいしいですね。 (빙수라는 것은 맛이 있네요.)

와 같이 **주제를 제시**할 때는 「낮은 평가」가 아니므로 「など」「なんて」를 써서는 안 된다.

그런데 「～란」에는 뒤에 명사가 와서 「～라고 하는」의 의미도 있다.

• <u>사랑이란</u> **감정**은 인류 공통이다.

이런 경우에는 「という＋명사」를 써서

• <u>愛という</u>感情は人類共通だ。

와 같이 되는데, 여기에 낮은 평가를 첨가하려면, 역시 「など」를 보충하여

• <u>愛などという</u>感情は不変のものではない。

와 같이 쓰면 된다.

7 피라미드 판매가 범죄가 된다는 것을 모른다는 사람들이 꽤 많았다.

→ **ネズミ講** が犯罪になる<u>ということ</u>を知らない<u>という</u>人

マルチ商法(○)

が意外に多かった。

주의점은 「という」가 두 개 들어 있어야 하는 점이다. 한국어도 「먹는 일」과 「먹는다는 일」을 구별하듯이 일본어도 이 두 문장을 「という」의 유무로 구별한다. 즉,

- 먹는 일 : 食べること
- 먹는다는 일 = 먹는다고 하는 일 : 食べる<u>という</u>こと

와 같다. 문제 문장에서도

- 범죄가 되는 것 : 犯罪になること
- 범죄가 된다는 것 = 범죄가 된다고 하는 것
  : 犯罪になる<u>という</u>こと
- 모르는 사람 : 知らない人
- 모른다는 사람 = 모른다고 하는 사람
  : 知らない<u>という</u>人

와 같이 「〜다는」 부분을 축약하지 않고 「〜다고 하는」으로 재생하면 「という」를 잊지 않고 넣을 수 있을 것이다.

그런데 「〜다고 하는」은 「하다」의 의미에 따라 「〜と<u>言</u>う」「〜と<u>い</u>う」의 두 개 표현으로 나눠진다. 즉, 실제 **말로 하는** 「言う」의 경우(인용)와 **주제로 제시**하는 경우이다. 예를 들면,

- 「はい」と言う人(「네」라고 **말하는** 사람)…인용
- 私という人間(나라는 인간)…주제 제시

와 같은데 일본어에서는 이 두 가지를 구별하기 위해서, 인용은 한자를 써서 「〜と言う」로, 주제 제시는 ひらがな를 써서 「〜という」로 나타낸다.

---

8 의리를 다하기란 매우 어렵다. 그렇다고 의리를 다하지 못하면 「의리를 모르는 인간」이라는 말을 듣게 된다.

→ 義理を果たす **というのは** 非常に難しい。**だからといって**
　　　　　　とは(○)　　　　　　　　　　　　そういって(×)
　　　　　　なんて(×)

義理を果たさなければ「義理を知らない人間だ」という

ことを言われる	ことになる。
言葉を聞く(△)	ようになる(×)

마지막으로 복습을 하며 재확인해 보자.

우선 「의리를 다하기란」의 「란」은 주제로 제시하는 「란」이기 때문에 문제 7에서 보았듯이 「というのは」「とは」를 쓴다. 회화체 「って」도 가능하다. 그러나 낮은 평가는 아니므로 문제 6에서 본 「など」「なんて」는 쓸 수 없다.

그 다음에 「그렇다고」는 앞문장(의리를 다하기란 매우 어렵다)이 뒷문장(의리를 다하지 않는다)의 정당한 이유가 되지 못함을 뜻한다. 따라서 문제 4의 「～からと言って」에서 보았듯이 「から」를 포함하는 표현 「だからと言って」가 맞는다. 직역하여 「そうと言って」는 문장의 뜻이 명확하지 못하다.

마지막으로 「～란」은 문제 7에서 살펴보았듯이 뒤에 명사가 따르는 「～라고 하는+명사」의 형태이므로 「という」를 꼭 쓰도록.

「말을 듣다」를 직역하여 「言葉を聞く」라고 하지 말고, 「피해 피동」을 써서 「～と言われる」로 하는 것이 옳다. 그냥 어떤 사람의 말을 듣는 것이 아니라 **듣기 싫은 소리**를 들어야 하기 때문에 「피해 피동」이 어울린다.

「～게 된다」는 「ことになる」. 여기에서 「ようになる」는 쓸 수 없다. 「ことになる」는 남에 의한 결정·어쩔 수 없이·혹은 저절로 그렇게 되는 경우에 쓰는 표현이다. 오류 예인 「ようになる」와의 차이점에 대해서는 **문법편 제18장**을 참조할 것.

1. 「〜다고요」
   ① 남에게서 들은 이야기를 상대에 직접 물어서 확인
      : 「んですって?」「んだって?」 … 「다면서요?」
   ② 되풀이해서 주장 : 「〜ってば」 … 「다니까요?」

2. 「〜다고〜」
   ① 단순한 인용 : 「と言って」「と」
   ② 앞문장이 뒷문장의 이유가 되지 못함을 주장 : 「からと言って」

3. 「〜란」
   ① 낮은 평가를 포함한 주제 제시 : 「など」「なんて」(회화체)
   ② 평가를 포함하지 않는 주제 제시 : 「というのは」「とは」「っ
      て」(회화체)

4. 「〜다는」「〜라는」＋명사 : 「〜という」를 꼭 붙이도록.
   모른다는 사람＝모른다고 하는 사람＝知らないという人
   　　　　　　　　　　　　　　　　　(知らないと言う人)

7 ～たら・～なら・～ば・～と/~면 (1)

다음 한국어 문장을 일본어로 옮기시오.

1. (길을 안내하면서)
   현대백화점 앞에서 왼쪽으로 돌아가면 동호대교가 나와요.
   ⊙

2. 우리 아이는 길거리에서 바나나를 보면 꼭 사서 먹어요.
   ⊙

3. 만약 내가 남자였다면 나 같은 여자와 결혼하지 않을 것이다.
   ⊙

4. 추우시면 에어컨을 커 드릴까요?
   ⊙

5. 회를 먹고 있는데 하얀 벌레가 나왔다!
   ⊙

6. 껌이라면 롯데!
   ⊙

정답과 해설

일본어에는 가정·조건을 나타내는 표현 형식이 네 개 있는데 이것들은 모두 외국인 학습자의 공통된 고민거리가 되고 있다.

한국인 학습자도 그 예외가 아닌데,「たら」「なら」「ば」「と」를 모두「면」으로 대치하게 되면 많은 오류가 발생한다. 그러나 네 개의 표현은 어느 것을 써도 될 때도 있지만 그렇지 않은 경우도 많고, 또 비록 문법적으로 가능하다고 해도 무엇을 쓰느냐에 따라 뉘앙스가 달라지게 되므로 각각의 특징을 정확히 파악할 필요가 있다.

1 (길을 안내하면서)

현대백화점 앞에서 왼쪽으로 돌아가면 동호대교가 나와요.

→（道案内をしながら）

現代デパートの前 **を** 左に曲がる **と** 東湖大橋
で(△) cf. ば

に出ます。
があります(○)
が出ます(×)

 여기서 조사「を」는「경과」의 의미가 있다. 예를 들면

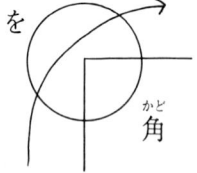

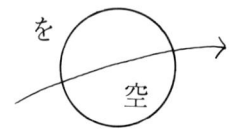

パン屋の角を右に曲がる。 飛行機が空を飛ぶ。

와 같이 지나가는 것이다. 이런 경우에「で」를 쓰면, 그 자리에 머물면서 동작을 한다는 의미가 된다.

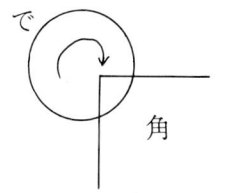

パン屋の角で右に曲がる。

(방향 전환만 하다)

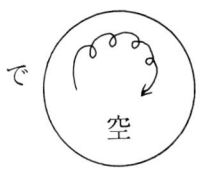

飛行機が空で飛ぶ。

(지나가지 않는다)

와 같은 문장과 비교해 보면 차이가 명확하다.

「다리가 나온다」는 「橋が出る」라고 직역하면 틀린다. 「橋に出る」 혹은 「橋がある」라고 해야 한다.

우선 「と」의 특징을 살펴보자. 「と」는 「반드시・꼭・100%」의 뜻을 갖는다.

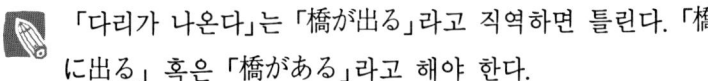

- A と B $\qquad$ A $\underset{\text{꼭}}{\overset{100\%}{\Longrightarrow}}$ B

- 2に3をかけると6になる。
- 塩素と酸を合わせると有毒ガスが出る。
- 赤ちゃんは6ヶ月になると歯が生える。

법칙과 같이 「꼭 그렇게 된다」는 예문에 적합하다. 따라서 「と」는 아직 불확실한 일・확정되지 않은 일에는 쓸 수 없다.

한편, 「ば」는 네 개 중에서 가장 널리 쓸 수 있는데, 「ば」만의 특징은 「그렇지 않으면」이라는 숨어 있는 뜻을 느끼게 하는 것이다.

- A ば B $\qquad$ A $\longrightarrow$ B

  (그러면 A가 아니면…?) A $\nRightarrow$ A'

- 雨が降れば遠足は中止です。

  (비가 안 오면 소풍을 가요.)

- 左に曲がれば橋に出ます。

  (왼쪽으로 돌지 않으면 다리가 안 나와요.)

그러면 문제 문장과 같이 남에게 길을 가르쳐 주는 경우 「반드시」의 「と」를 써야 할지, 「그렇지 않으면」의 「ば」를 써야 할지 생각해 보자. 길을 가르쳐 줄 때는 **꼭** 목적지까지 가는 길만 제시해 주어야 한다. 「쭉 가면 교차로가 나오는데(쭉 가지 않으면 교차로는 안 나와요), 거기서 좌회전하면 그 빌딩이 나와요(좌회전 안 하면 그 빌딩은 안 나와요)라는 식의 안내는 불필요하다. 따라서 길을 안내할 때는 「반드시」의 「と」가 적합하다.

그리고 남에게 무엇을 **권유하거나 조언**을 해서 가르쳐 줄 때도 「～する<u>と</u>いいですよ」의 문형을 쓰는데 이것도 「と」를 쓰는 분야이다.

- (의사가) 熱があるのですか。では冷たい物を食べさせる**と**いいですよ。
- (요리 연구가가) 最後にみりんを少し入れる**と**いいですよ。味がまろやかになります。

비교를 하기 위해서 이 문장에 「ば」를 넣어 보자.
- 熱があるのですか。では冷たい物を食べさせれ**ば**いいですよ。

  (찬 음식을 먹게 하지 않으니까 열이 내리지 않는 것 아니냐!)
- 最後にみりんを少し入れれ**ば**いいですよ。

  (안 넣으니까 맛이 없는 것이다.)

와 같이 ( ) 안의 「그렇지 않으니까」라는 뉘앙스를 느끼게 하는데, 이 부분은 조언을 할 때, 가르쳐 줄 때에는 불필요하다. 「반드시・꼭・100%」 좋은 방법만을 제시해 주면 되기 때문에 「と」를 써야 한다. (거꾸로 시비조로 나오려면 「ば」가 효과적이라고 할 수 있다.)

2　우리 아이는 길거리에서 바나나를 보면 꼭 사서 먹어요.

→ うちの子は道端でバナナを見つけると（必ず）

買って食べる。

買い食いをする（○）

 문제 1에서 비교한 「と」와 「ば」를 다른 예문으로 다시 비
교해 보자. 「반드시・꼭・100%」의 「と」를 써서

• バナナを見ると買って食べる。

라고 하면, 이 아이는 바나나를 보면 꼭 사서 먹을 정도로 바나
나를 매우 좋아하는 아이임을 알 수 있다. 한편 「그렇지 않으면
…」의 「ば」를 써서

• バナナを見れば買って食べる。

라고 하면 숨어 있는 뜻（바나나를 보지 않으면 먹지 않는다）을 느
끼게 하므로 「と」를 쓴 경우 만큼 바나나를 좋아하는 느낌이 덜
하다.

같은 문장인데도 「と」를 쓰느냐 「ば」를 쓰느냐에 따라 이렇게
도 인상이 달라지게 된다.

3　만약 내가 남자였다면 나 같은 여자와 결혼하지 않을 것이
다.

→ もし私が男　**だったら**　私のような女とは結婚しないだろう。

　　　　　　　だと（×）

 이번에는 「たら」의 특징을 살펴보자. 「たら」의 가장 큰 특
징은 그 **자유성**에 있다. 그래서 「실제 일어나기 어려운 일

이나 일어나서는 안 되는 일」을 상상해서 가정할 때 자유롭게 쓸 수 있다. 「일어나기 어려운 일」로는

- もし再(ふたた)び子供(こども)に戻(もど)れたら今度(こんど)はきちんと勉強(べんきょう)したい。
- もしも神様(かみさま)に会(あ)えたら何(なに)をお願(ねが)いしようか。

또 「일어나서는 안 되는 일」로는

- もしこの飛行機(ひこうき)が落(お)ちたらどうしよう。
- 地震(じしん)が起(お)きたらまず火(ひ)の始末(しまつ)。

와 같은 예문들이 「たら」에 어울린다.

그런데 문제 문장의 경우 말하는 이는 실제 여성인데, 「만약 내가 남자였다면…」 하고 「있기 어려운 일」을 자유롭게 가정하고 있어, 이것도 「たら」에 꼭 맞는 예문이다.

그리고 여기서 「と」를 사용할 수 없는 것도 중요한 점이다. 문제 1의 해설 세 번째에서 보았듯이 「と」는 「반드시 그렇게 되는 일」에만 쓰는 말이고 **아직 확정되지 않은 일에는 사용할 수 없다는** 것이 그 이유이다. 「만약」의 세계는 확정된 것은 아니기 때문이다.

4 추우시면 에어컨을 꺼 드릴까요?

→ 寒(さむ)かったら　エアコンを　けしましょうか。
　cf. 寒(さむ)ければ　　　　　けしてさしあげましょうか(×)

「たら」의 자유성은 자기 입장을 떠나 **상대의 입장에 서서** 말을 할 수 있다. 따라서 상대 입장에 서서 친절하게, 상대를 잘 생각해 주는 말을 하는 경우에는 「たら」가 어울린다.

- 寒(さむ)かったらエアコンをけしましょうか。

라는 문장에는 상대를 생각해 주는 뉘앙스를 느낄 수 있다.

그런데 이런 경우에 「그렇지 않으면…」의 「ば」를 쓰면 어떻게
될까?

• 寒ければエアコンをけしましょうか。

(춥지 않으면 에어컨은 안 꺼 줘요.)

라는 뜻이 숨어 있으므로 도저히 상대에게 친절한 태도라고 할
수 없다. 이와 같이 「たら」를 쓰느냐, 「ば」를 쓰느냐에 따라 상
대에게 주는 인상이 크게 달라지므로, 문법적인 정오 못지않게
뉘앙스 공부가 중요하다고 할 수 있다.

「～해 드릴까요?」는 직역을 하면 「～してさしあげましょ
うか。」인데, 내가 남에게 무엇을 해 줄 때에는 「～해 주다」
「～해 드리다」는 빼는 것이 일본어다운 표현이다. 「주다」「드리
다」를 「あげる」「さしあげる」라고 하면 「내가 은혜를 베푼다」
는 뉘앙스를 강하게 풍긴다. 자칫하면 「그러니까 고맙게 생각해
라」라는 오만한 태도라고 오해를 받을 우려가 있기 때문에 「あ
げる」「さしあげる」는 내가 하는 일에는 쓰지 않도록 유의하자.

5 회를 먹고 있는데 하얀 벌레가 나왔다!
→ お刺し身を食べて <u>いたら</u> 白い虫が出てきた！
cf. いると

이번에는 가정・조건이 아니라 과거 문장인데, 과거에도 쓸
수 있는 것은 「たら」와 「と」 두 개밖에 없다. 이 두 개는
한국어 「～면」으로 대치할 수 없고 「～하니까」「～했더니」「～
했는데」에 해당한다. 그런데 「たら」는 놀랐다는 감정이 표현되
는 데 비해 「と」는 객관적으로 묘사하는 느낌을 준다. 따라서

• お刺し身を食べていたら白い虫が出てきた。

라고 표현을 하면 「놀랐다」는 감정을 느낄 수 있지만,

• お刺し身を食べてると白い虫が出てきた。

라고 한 사람은 과학자처럼 객관적인 묘사를 한 것이다. 놀라움이 사라지고 시간이 조금 지나 냉정하게 일기에 적는 경우에는 「と」로 표현할 수도 있을지 모른다.

6 껌이라면 롯데!

→ ガムならロッテ！

마지막으로 「なら」의 특징을 살펴보자. 「なら」는 **한정**을 나타낸다. 「〜에 대해서만은」이라는 한정은 거꾸로 말하면 거기에 관해서는 **자신있다**는 말이 될 수 있어 광고에 자주 쓰인다. 「다른 것은 몰라도 껌이라면 우리 회사가 제일이다」라는 뜻이다. 그런데 「なら」가 명사에만 붙는다고 잘못 알고 있는 사람들이 종종 있는데 그것은 오해다. 명사든지 동사든지 형용사・형용동사든지 「한정・자신」의 뜻을 갖게 하고 싶으면 「なら」를 쓸 수 있다. 예를 들면, 상대를 나무랄 적에

• よくそんなひどい事ができますね。私なら絶対しません。

이라고 하면 본인에게 자신이 있는 것이고,

• 大人が一緒に行くなら喫茶店に入ってもいい。

라고 하면, 「원래 다방은 들어가서는 안 되는 곳이지만, 보호자가 같이 가는 **경우에만** 들어가도 된다」는 뜻이다.

그리고 여기서 또 한 가지 유의해야 할 점은 일본인들은 회화의 애매함을 선호하기 때문에 「한정・자신」의 「なら」를 윗사람이나 그리 친하지 않은 사이에서 쓰는 것을 꺼린다는 사실이다.

예를 들면, 친구에게

- お父さんの誕生日_{たんじょうび}なの？それ<u>なら</u>このネクタイがいいわよ。

  （여성어）

라는 「한정・자신」의 「なら」를 쓸 수 있지만, 백화점 점원이 손님에게 권한다면 「なら」를 쓰지 않고

- お父様_{とうさま}のお誕生日でいらっしゃいますか。それで<u>したら</u>こちらのネクタイがよろしいかと存_{ぞん}じますが…。

라고 「상대방의 입장에 서는」 「たら」가 적당하다.

1. と

① 반드시・꼭・100%

② 아직 불확정한 일에 쓸 수 없다.

2. ば

① 가장 일반적으로 널리 쓸 수 있나.

② 선택성이 있어 숨어 있는 뜻을 느끼게 한다. 「그렇지 않으면…」

3. たら

① 자유성이 특징 ⇒ 일어나기 어려운 일・일어나서는 안 되는 일을 자유롭게 가정

② 자유성 ⇒ **상대 입장**에 서서 친절하고 정중한 말씨

③ 자유성 ⇒ **과거**에도 쓸 수 있다. 「놀랐다」는 뉘앙스

  cf. 똑같이 과거에도 쓸 수 있는 「と」는 객관적인 묘사

4. なら

한정・자신

그러나 강한 자신은 윗사람이나 친하지 않은 사람에게 쓰면 실례가 된다.

우선 기본으로서 여기서 설명한 특징만은 알고 있어야 한다. 특히 「と」는 「면」 대신에 쓰기에 너무 범위가 좁아 오류가 생기기 쉽고, 또 「ば」의 「숨어 있는 뜻」, 「なら」의 「자신」은 윗사람에게 쓰면 실례가 되는 수도 있으니 의식적으로 친절한 「たら」를 쓰도록 하는 것도 필요하다.

 ~たら・~なら・~ば・~と/~면 (2)

다음 한국어 문장을 일본어로 옮기시오.

1. 일본이 비군사면에서 국제 공헌한다면 PKO 파견에 찬성한다.
   ○

2. 로마에 가면 로마법을 따르라.
   ○

3. 회사는 우리 직원들을 기계라고 생각하는 것인가? 아니면 사축(社
   畜)인가?
   ○

4. 10시 이후에 전화를 주세요. 아니면 자동 응답 전화에 메모를 남
   겨 주셔도 되고요.
   ○

5. 10시까지 학교에 오세요. 그렇지 않으면 퇴학시키겠습니다.
   ○

6. 몸값 1000만 엔을 갖고 빨리 와라. 그렇지 않으면 아들의 목숨은
   없는 줄 알아라.
   ○

정답과 해설

여기에서는 「たら」「なら」「ば」「と」 각각의 특징을 살펴본 것을 토대로 하여 응용 문제를 풀어 보기로 하자.

1 일본이 비군사면에서 국제 공헌한다면 PKO 파견에 찬성한다.

→ 日本が非軍事面で国際貢献 **するなら** PKO派遣に賛成だ。
すれば(×)
すると(×)
したら(×)

우선 발언자의 입장을 설명하면 일본이 국제 공헌이라는 미명 아래 자위대를 PKO로 파병하는 것에 반대하는 입장이다. 그러나 「단 한 가지 조건」으로 「비군사면의 공헌」이라면 파병에 찬성한다는 문장이다. 「단 한 가지 조건」 즉, **한정된 조건**이기 때문에 「면」은 「한정」의 「なら」가 적당하다.

또 다른 측면에서 시간의 선후 관계에 대해 생각해 보자. 「ば」의 경우,

• 明日雨が降れば 遠足は中止です。
　　　앞　　　　　　뒤

와 같은 「AすればBする」의 선후 관계는 A가 앞, B가 뒤이다. 「たら」의 경우는

• 明日雨が降ったら 遠足は中止です。
　　　앞　　　　　　뒤

와 같이 「AしたらBする」의 선후 관계는 역시 A가 앞, B가 뒤

이다. 원래 「たら」의 「た」는 완료를 나타내는 만큼 「A가 끝나고 나서 B」라는 순서도 당연하다고 할 수 있다.

「と」의 경우도

- 2に3をかけると　6になる。

　　　　앞　　　　　　뒤

와 같이 「AするとBする」의 선후 관계가 역시 A가 앞, B가 뒤이다(그런데 A와 B의 간격이 아주 짧고 「순식간에」라는 뉘앙스를 수반하는 것이 「と」의 특징이다).

그러나 「なら」는 앞부분은 **조건**을 나타내고, 뒷부분은 **말하는 이의 판단이나 행위**를 나타낸다.

- 「조건」＋なら＋「말하는 이의 판단·행위」

여기서 판단하는 것은 물론 **지금 현재**이므로

- あなたが行くなら私も行く。

는 「당신이 간다」가 앞, 「나도 간다」가 뒤라는 뜻이 아니고(당신이 가고 나서 내가 간다는 뜻이 아니다),

- あなたが行くなら私も行く。(라고 지금 결심하고 있다)

　　조건 ＝ 뒤　　　　　　　　　　현재의 판단 ＝ 앞

라는 구조이다 「ば」「たら」「と」와는 시간적 선후 관계가 다르다.

그러면 문제 문장에서는 선후 관계가 어떻게 될까? 「비군사면의 공헌」이라는 조건은 파병이 된 다음인 장래의 일이다. 그리고 「찬성한다」고 하는 태도는 지금 현재의 의사이다.

- 非軍事面で貢献するなら　賛成だ。

　　장래 ＝ 뒤　　　　　현재 ＝ 앞

결코 「비군사면의 공헌이 이루어진 다음에 거기에 찬성하겠다」는 내용은 아니다. 만약 여기서 「ば」「たら」「と」를 쓰게 되면

시간적 선후 관계가 역순이 되고 만다.

- 非軍事面で貢献すれば　賛成だ。

　　　　　　　앞　　　　　　　뒤 = **장래**의 찬성

- 非軍事面で貢献したら　賛成だ。

　　　　　　　앞　　　　　　　뒤 = **장래**의 찬성

- 非軍事面で貢献すると　賛成だ。

　　　　　　　앞　　　　　　　뒤 = **장래**의 찬성

따라서 「ば」 「たら」 「と」는 여기서는 쓸 수가 없고 「なら」만
이 정답이 된다.

2　로마에 가면 로마법을 따르라.

→ ローマに　**行ったら**　ローマ法　**に**　従え。

　　　　　行けば(×)　　　　　　　を(×)

　　　　　行くと(×)

이번에는 「로마에 **간 다음에** 거기서 로마법을 따르라」는
뜻이므로 완료 「た」가 들어 있는 「たら」가 정답이다. 「～
하고 난 다음에・～하고 나서」라는 뜻으로 쓰는 「たら」이다. 예
를 들면,

- 家に着いたら電話してください。
- 先生に会ったらよろしくお伝えください。
- 雨がやんだら行きましょう。

등은 한국어로 「～하거든+명령・권유・의지문」에 **해당**하며, 이
것들은 「たら」를 쓰면 되는 문장이다. 이런 기능 즉, 「～하고 난
다음에・～하고 나서」라는 뜻은 「ば」에는 없기 때문에 「ば」는
쓸 수 없다.

다음으로 「と」를 쓸 수 없는 이유인데 「と」는 「반드시・꼭・100%」라는 뜻이라 아직 확정되지 않은 일에 쓸 수 없다는 것을 문법편 제7장 문제 1의 해설에서 살펴보았다. 따라서 「~하라」는 명령, 「~하자」는 권유에는 쓸 수 없다. 명령도 권유도 「앞으로 이렇게 해라・하자」는 것이라 그렇게 될지 안 될지 아직 결정된 것이 아니기 때문이다.

조사에 주의. 「~를 따르다」는 「~に従_{したが}う」이다. 「を」를 쓰지 말 것.

참고로 이 문장을 일본어로 하면
- 郷_{ごう}に入_いりては郷に従_{したが}え。

이다.

3 회사는 우리 직원들을 기계라고 생각하는 것인가? 아니면 사축(社畜)인가?

→ 会社は **我々_{われわれ}** **社員_{しゃいん}** を機械と思っているのか。

    私達(○)   職員_{しょくいん}(△)

でなければ   社畜_{しゃちく}か？

さもなければ(○)
でないと(×)
さもないと(×)

「직원」은 「職員_{しょくいん}」이라고 하면 뜻이 달라진다. 「職員」은 공무원이나 학교에서 일하는 사람에게만 쓰고 일반 보통 회사에서는 「社員_{しゃいん}」이라고 한다.

그리고 「社畜_{しゃちく}」란 「회사의 가축」이라는 뜻으로 회사에 예속하는

모습을 자조적・비판적으로 일컫는 말이다.

🖊 「でなければ」든지 「さもなければ」든지 「ば」가 정답인 이유는 무엇일까? 「ば」는 둘 중에 하나를 선택하는 뜻, 즉, 「A가 아니면 B이다」라는 뜻이다. 문제의 문장은 바로 「기계냐 사축이냐」고 묻는 것이므로 「ば」에 어울리는 예문이다.

그런데 「と」가 잘못인 이유는 무엇일까? 「と」는 앞에서 보았듯이 아직 확정되지 않은 일에는 쓸 수 없다. 문제 문장은 「기계냐 사축이냐」고 묻는 질문이며, 질문이란 아직 모르는 것을 묻는 말 즉 확정된 것이 아니다. 따라서 「と」는 쓸 수 없다. 문제 2의 해설에서 「と」가 명령・권유에 쓸 수 없음을 보았는데 여기서는 또한 질문에도 쓸 수 없음을 알 수 있다.

4 10시 이후에 전화를 주세요. 아니면 자동 응답 전화에 메모를 남겨 주셔도 되고요.

→ 10時以降に電話をください。<u>**でなければ**</u>　留守電(るすでん)に
　　　　　　　　さもなければ(○)
　　　　　　　　でないと(×)
　　　　　　　　さもないと(×)

メッセージを入れてくれてもいいですし。

🖊 사전에 없는 새로운 말, 「자동 응답 전화」는 「留守番電話(るすばんでんわ)」로, 줄여서 「留守電(るすでん)」이라고 한다. 참고로 녹음 테이프가 응답하는 말은 기본형으로

• ただ今(いま)留守(るす)にしております。ピーという音(おと)の後(あと)にメッセージをお入(い)れください。

라고 하여 「メモを残してください」라고는 하지 않는다. 덧붙여 요즘 잘 쓰지만 한일사전에는 나오지 않는 말의 예를 들어 보자.

- 팩시밀리 : ファクシミリ → ファックス
  휴대폰 : 携帯電話(けいたいでんわ) → 携帯(けいたい)
  삐삐 : ポケットベル → ポケベル
  워드프로세서 : ワードプロセッサー → ワープロ

내용면에서 살펴보면 이번에는 「～해도 된다」는 **허가**의 문장이다. 지금까지 살펴보았듯이 「と」는 아직 확정되지 않은 것에는 쓸 수 없다. 따라서 「앞으로 ～해도 된다」는 허가 문장에도 「と」는 쓸 수 없는 것이다.

5 10시까지 학교에 오세요. 그렇지 않으면 퇴학시키겠습니다.

→ 10時 **までに** 学校に来てください。**でないと** 退学(たいがく)に
    まで(×)   さもないと(○)
                    でなければ(○)
                    さもなければ(○)

しますよ。

이제서야 겨우 「と」를 쓸 수 있다. 「아직 퇴학이 확정된 것은 아니냐」하고 의문을 가질지 모르나, 말하는 이의 태도로 봐서 「10시까지 안 오면 퇴학시키겠다」고 **결심**한 것이다. 「と」는 「반드시・꼭・100%」그렇게 되는 일에 쓰는 것이다. 「안 오면 꼭 퇴학」이라는 문장에 「と」는 잘 어울린다.

✏️ 「까지」를 「まで」로 하지 않았는지. 「までに」라는 「기한
・기일」을 뜻하는 말을 써야 문장에 맞는다. 10시라는 기
한이다. 참고로 「まで」는 **계속**적이고 시간적인 연속, 폭이 있는
경우에만 쓸 수 있다. 예를 들어 「勉強する」라는 단어는 계속성,
폭이 있기 때문에

- 10時まで勉強するつもりだ。

지금　　　　　　　　10시

계속 「공부한다」

는 가능하나, 「오다」는 계속성이 없는 순간적인 말이므로

- 10時　まで　家に来るつもりだ。(×)
　　　までに(○)

지금　　　　　　　　10시

한순간 「온다」

이런 단어에는 「まで」를 쓸 수 없다. 다시 한 번 설명하면 「まで」
는 선(線) = 연속성, 「までに」는 점(点) = 순간성이다.

6 몸값 1000만 엔을 갖고 빨리 와라. 그렇지 않으면 아들의 목
숨은 없는 줄 알아라.
→ 身の代金1000万円を持ってすぐに来い。さもないと息子
の命はないと思え。

✏️ 마지막으로 「さもないと」에 어울리는 문장을 살펴보자. 우
선, 이런 문장은 문제 5와 마찬가지로 「ば」도 되고 「と」도
된다. 「ば」의 경우에는

- 金を持って来なければ命は無い。

(→ 그러나 돈을 갖고 오면 살려 준다.)

는 숨어 있는 뜻으로 해석할 수 있고, 「と」의 경우,

- 金を持って来ない<u>と</u>命は無い。

  (→ 돈을 갖고 오지 않으면 꼭 죽인다.)

는「반드시・꼭・100%」의 뜻으로 해석할 수 있다.

그런데 이런 예문처럼 **나쁜 예고나 충고**를 하는 경우가「さもないと」에 가장 잘 어울리는 기능이다. 기본적으로「と」인지「ば」인지가 판단의 기준이 되어야 하지만 좀더 여유가 있으면「そうでないと」 대신에「さもないと」를 쓸 수 있다면 보다 일본어다운 표현이 될 것이다.

1. 「なら」는 뒤가 말하는 이의 판단・행위문이다. **지금 현재**의 판단이므로「ば」「た」「と」와는 시간적 선후 관계가 역순이 된다.

2. 「～하고 난 다음에・～하고 나서」라는 뜻이 포함되는 문장, 즉「～하거든＋명령・권유・의지문」에는 완료의 뜻을 가진 「たら」를 쓸 것. 완료의 뜻이 없는「ば」는 쓸 수 없다.

3. 「と」는 아직 확정되지 않은 일에는 쓸 수 없다. 따라서 명령・권유・질문・허가문에는 쓸 수 없다.

이와 같이「たら」「なら」「ば」「と」는 각각의 특징을 가지고 있는데, 특히 사용 범위가 좁은「と」와, 한정된 조건「なら」의 오류가 가장 많다. 그러면 가장 일반적으로 널리 쓰이는「ば」라면 모두 쓸 수 있나 하면 그렇지 않다는 것도 살펴보았다. 역시 각각의 특징을 파악하고 오류 예도 의식하면서 가장 잘 어울리는 것을 선택하는 것이 중요하다.

나음 일본어 문장은 한국어로, 한국어 문장은 일본어로 옮기시오.

1. ニュースを聞いて驚きました。

   ◆

2. 忙しくて行けませんでした。

   ◆

3. 그 영화는 재미가 없어서 끝까지 보지 않았습니다.

   ◆

4. 비가 와서 구경은 중지하기로 했다.

   ◆

5. 버스가 늦게 왔기 때문에 지각했습니다.

   ◆

6. 사랑해서가 아니라 「의리」로 주는 초콜릿을 「義理チョコ」라 부른다.

   ◆

7. 자신이 한국인이어서 차별받았다고 생각했다.

   ◆

8. 요새 애인 때문에 고민해요.

    ◐

9. 열심히 공부했기 때문에 일류 대학에 붙었습니다.

    ◐

10. 전화가 잘 안 들리니까 좀더 크게 말씀해 주실래요?

    ◐

정답과 해설

한국어 「～해서」「～하고」에 해당하는 일본어는 「～て」하나뿐이어서 한국어를 일본어로 옮길 때에 그리 고민할 일은 없다. 그러나 방심은 대적이다. 한국어 「～해서」가 적극적인 **이유**를 나타낼 수 있는 데 비해 일본어 「～て」는 끝까지 **결과**를 나타낼 뿐이다. 따라서 한국인 중에는 「～ので」나 「～から」로 해야 맞는데 「～て」로 한국식으로 표현하는 일이 종종 있다. 또한 「ので」「から」의 어감에도 유의하는 것이 바람직하다. 그럼 구체적으로 어떤 문장에 유의해야 할지 살펴보자.

1 ニュースを聞いて驚きました。

→ 뉴스를 듣고 놀랐습니다.

2 忙しくて行けませんでした。

→ 바빠서 못 갔습니다.

✎ 이것들은 문제없이 넘어갈 수 있겠지만 여기서 확인해야 할 것은 일본어 「～て」는 한국어 「～해서」「～하고」의 두 가지로 나눠진다는 점이다. 또 하나는 일본어 「～て」는 「앞문장의 **결과** 뒷문장과 같이 되었다」는 뜻을 가진다는 점이다. 즉 「뉴스를 들은 결과 놀랐다」「바쁜 결과 못 갔다」는 뜻이지 「놀란 이유가 바빴기 때문」이라는 **적극적인 이유가 아니라는 점**이다. 그러나 이런 구별이 잘 안 되는 분들을 위하여 구체적인 예문을 살펴보면서 주의점을 제시한다.

3　그 영화는 재미가 없어서 끝까지 보지 않았습니다.
→ その映画は **おもしろくなかったので** 最後まで見ません
おもしろくなくて(△)

でした。

✎ 「～て」가 이유가 아니라 **결과**라는 것은 「～て」 뒤에 따르는 문장은 **의지를 나타내는 표현이 올 수 없다**는 것을 말한다. 결과란 자연히 그렇게 **되는** 것이기 때문이다. 의지를 나타내는 표현에는 「つもりだ」「したい」「してはならない」「すべきだ」「した方(ほう)がいい」 등이 있다. 그리고 「하겠다」는 「する」인데 이런 경우에 「する」도 의지라고 할 수 있다.
그런데 문제 문장에서는 과거형이긴 하지만, 「見ませんでした」라는 표현을 쓰고 있다. 「見られませんでした」를 쓰지 않고 「見ませんでした」라고 한 것은 「재미가 없으니까 그만 보고 나가자」는 **의지**가 포함되어 있기 때문이다. 따라서 「～て」가 아니라 이유 표현인 「ので」를 썼다. 물론 「から」도 쓸 수 있다.

4 비가 와서 구경은 중지하기로 했다.
→ 雨が **降ったので** 見物^{けんぶつ}は取りやめることにした。
降って(×)

이것도 마찬가지로 자신의 의지로 구경을 중지하기로 한 문장이기 때문에 「〜て」는 어색하다. 「ので」나 「から」를 써야 한다.

그런데 만약 이 문장의 뒷부분이 「중지하기로 했다」 대신에 「중지가 되었다」라면, 내 의지와 상관없이 리더가 결정한 것이라고 추측이 되기 때문에 「〜て」를 쓸 수도 있다.

이와 같이 「〜해서」는 이유를 나타낼 수가 있으나 「〜て」는 그 기능이 없다는 점은 확실히 알고 있어야 한다. 뒤에 의지가 들어 있으면 「〜て」는 쓸 수 없다.

5 버스가 늦게 왔기 때문에 지각했습니다.
→ ① バスが遅^{おく}れたから遅刻^{ちこく}しました。
② バスが遅れたので遅刻しました。

여기서는 이유 표현인 「から」와 「ので」를 비교하여 설명한다. 흔히 「한국인은 자기 주장이 너무 강하다」며 자기 주장을 되도록 피하는 일본인이 비난받기도 하는데, 물론 국민성이나 문화의 차이도 있겠지만 한국인이 쓰는 일본어에도 그 원인이 있다. 그 중의 하나가 「から」「ので」의 쓰임이다. 이에 대해서는 「어느 쪽은 객관적이고 어느 쪽은 주관적」이라는 주장이 있다. 하지만 그 결론이 논자에 따라 반대가 되는 경우도 있으므

로 여기서는 그런 논쟁에는 개입하지 않고 의견 일치를 보고 있는 「정중함」이라는 관점에 주목하여 살펴보고자 한다.

만약 회사에 지각했을 때, 상사에게 무엇이라고 말해야 될지 생각해 보자. 뮤제 문장 ①에서는 「から」를 써서

• バスが遅れた<u>から</u>遅刻しました。

라고 했는데, 「から」에는 「당연히」라는 뉘앙스가 있다. 「버스가 늦으니까 당연히 나도 지각했다」고 하는 말이 상사에게 어떤 인상을 줄까? 「내가 잘못한 게 아니라 버스가 나쁘다」는 주장으로 들릴 것이다. 미국인이라면 「책임은 내게 없다」는 말이 가능하다고들 하지만 일본에서는 책임 전가로 받아들여 오히려 부정적인 결과가 된다.

그래서 ②의 「ので」가 등장해야 한다. 「ので」는 「정중함」이 있다. 「から」와 같은 「당연히」라는 뉘앙스는 없고 「부드러움과 정중함」을 나타낸다. 「ので」를 써서

• バスが遅れた<u>ので</u>遅刻しました。

라고 하면 거기에 「죄송합니다」라는 느낌까지 표현되므로 상사도 용서해 줄 것이다.

요컨대 **이유를 적극적으로 강하게 주장하고 싶으면 「から」를 쓰고, 부드럽고 정중하게 말할 때는 「ので」를 쓰면 된다.** 특히 한국인은 「から」를 많이 쓰는 경향이 있는데 손윗사람이나 손님, 그리고 친하지 않은 사이에서는 「から」가 너무 강하므로 「ので」를 쓰도록 유의하자.

6 사랑해서가 아니라 「의리」로 주는 초콜릿을 「義理チョコ」라 부른다.

→ <u>**愛しているから**</u> ではなくて義理であげるチョコレート
愛していて(×)

を「義理チョコ」と呼ぶ。

✏️ 여기서도 한국어 「～해서」가 반드시 일본어 「～て」가 되지 않는다는 예문이다. 「～て」는 결과 즉, 「자연히 그렇게 된다」는 뉘앙스인데

• 愛してい**て**あげるチョコレート。

란 「사랑하는 결과 주는 초콜릿」이라는 뜻이 된다. 초콜릿은 사랑을 표현**하기 위해** 적극적인 방법의 하나로 주는 것(즉, 적극적인 이유)이지, 사랑만 하면 자연히 주게 되는 것(즉, 결과)은 아니다.

그리고 여기서는 문장체이기 때문에 별로 정중함을 나타낼 필요가 없으므로 「ので」는 쓰지 않는다.

7 자신이 한국인이어서 차별받았다고 생각했다.

→ **自分** が **韓国人だから** 差別されたのだと思った。
自身(△)   韓国人で(×)

✏️ 여기서는 차별받은 **이유**가 한국인이라는 것이기 때문에 적극적인 이유 표현인 「から」로 하는 게 좋다. 「韓国人で」는 이유가 되지 못한다.

8 요새 애인 때문에 고민해요.

→ <u>最近</u>　<u>恋人</u>　のことで　悩んでいます。
<ruby>最近<rt>さいきん</rt></ruby>　<ruby>恋人<rt>こいびと</rt></ruby>　　　　　<ruby>悩<rt>なや</rt></ruby>んでいます。
　この頃(○)　　愛人(×)　　のために(△)
　　<ruby>頃<rt>ごろ</rt></ruby>　　　<ruby>愛人<rt>あいじん</rt></ruby>

　　　　　　　　　　　　のせいで(△)

「~때문에」는 그 발음이 비슷해서 그런지 「~ために」로 하는 한국인이 많은데, 「~ために」는 「~를 위해」라는 뜻도 있기 때문에 이런 문장에서는 오해를 일으킬 우려가 있다. 「애인을 위하여 무엇을 해 줄까?」 하고 고민하는 것 같다. 고민의 원인이 애인이기 때문에 「~のせいで」도 쓸 수 있으나 「せい」는 남에게 책임을 돌리는 **책임 전가**의 의미가 있다는 것을 알고 써야 한다.

「자신」은 「<ruby>自身<rt>じしん</rt></ruby>」보다 「<ruby>自分<rt>じぶん</rt></ruby>」이 더 일반적이다. 「애인」은 「恋人」. 「<ruby>愛人<rt>あいじん</rt></ruby>」이라고 하면 「정부(情夫)」의 뜻이 되므로 주의해야 한다.

9 열심히 공부했기 때문에 일류 대학에 붙었습니다.

→ <ruby>一生懸命<rt>いっしょうけんめい</rt></ruby><ruby>勉強<rt>べんきょう</rt></ruby>した　**ので**　<ruby>一流大学<rt>いちりゅうだいがく</rt></ruby>に　<ruby>合格<rt>ごうかく</rt></ruby>しました。
　から(○)　　　　　　　　　　　つきました(×)
　ために(△)

여기서는 「ので」도 「から」도 쓸 수 있다. 「ので」는 윗사람에 대해 정중함을 나타낼 때 적당하고, 「から」는 「내가 열심히 했으니 **당연히** 합격할 수밖에…」라는 뉘앙스를 나타내고 싶을 때 쓴다.

「ために」는 사용이 불가능한 것은 아니지만, 「ために」가 갖는 기능은 「～て」와 마찬가지로 「이유」라기보다 「원인」이기 때문에 **수동적·소극적인 결과** 의식이 표현된다. 예를 들면,

- 今年の冬は例年より気温が低かったために電力の消費量が増えた。

와 같다. 그런데 문제 문장은 본인이 열심히 공부했다는 적극적인 이유를 나타내고자 하는 문장이므로 「원인」의 「ために」는 좀 어색하다.

요컨대 「때문에」를 바로 「ために」로 하기 쉬우나, 「ために」는 적극적인 이유 의식이 없기 때문에, 오히려 「ので」나 「から」가 적합한 경우가 많다. 특히 뒤에 **의지 표현**이 이어지는 경우는 그렇다.

- 体の具合が悪い　ために(×)　欠席します。
  　　　　　　　ので・から　　　의지

- 林さんにも責任がある　ために(×)　辞めるべきだ。
  　　　　　　　　　ので・から　　　의지

- 卒業するともう機会がなくなる　ために(×)　もう一度集ま
  　　　　　　　　　　　ので・から

  って(お酒を)飲もう。
  　　　의지

---

10 전화가 잘 안 들리니까 좀더 크게 말씀해 주실래요?
→ 電話が　**よく**　　**聞こえませんので、**　もう少し大きな
　　　　遠い(○)　　聞こえないんですから(△)

> 声でお話し **いただけ** ますか。
> ください(○)

마지막으로 한국인이 자주 범하는 오류 아닌 오류인 「んで
すから」를 소개한다. 「んです」는 **문법편** 제11장에서 자세
히 설명하겠지만, 한 마디로 「**설명**」의 기능을 가진다. 거기에 적
극적인 이유 표현인 「から」를 첨가해서 「んですから」를 만드는
데 이것은 아주 강한 표현이다. 이 표현은 **이유를 상대에게 재확
인시키고자 할 때, 내 의견에 따르도록 만들려고 할 때,** 이유를 거
듭하여 말해도 **상대가 알아 주지 못해 초조한 느낌이 들 때** 등
이다. 예를 들면, 어떤 일을 납득시키려는 경우 「당연히」 「어쩔
수 없지 않느냐」는 뉘앙스를 포함하여,

- 어린 자매가 싸우는 것을 보고 어머니가 하는 말
  → お姉ちゃん**なんだから**我慢しなさい。
- 중도에 포기하고 싶을 때
  → 自分でやり始めた**んだから**最後までがんばろう！

와 같이 쓴다.

그리고 이유를 몇 번 되풀이해도 상대가 알아 주지 않아 초조한
느낌으로 「몇 번이고 말하는데 왜 알아 듣지 않느냐! 정말 신경
질난다」는 뉘앙스를 포함하여

- 遅い**から**寝なさい。……もう寝なさいよ。
  ……11時すぎな**んだから**寝なさい！

와 같이 쓴다.

문제 문장과 같은 경우, 처음에는 정중하게 또 부드럽게 들리는
「ので」를 써서

- 電話が遠い**ので**もう少し大きな声でお話しいただけますか。

라고 해야 한다. 그러나 만약 상대에게 5, 6번 부탁을 해도 목소리를 크게 하지 않고 자신이 그 때문에 초조하다는 것을 전하고 싶으면 비로소 「んですから」를 쓰게 된다.

- 나는 몇 번 말했는데 전혀 크게 말을 하지 않네. 다시 한 번 말할 테니까 잘 들어요!

→ 電話が遠い**んですから**もう少し大きな声でお話しいただけますか。

요컨대 이와 같은 경우가 아닌 한, 「んですから」를 쓰면 상대의 기분을 상하게 하거나 기분 나쁘게 만들게 되기 때문에 주의를 해야 하는 것이다.

1. 「～て」는 「결과」이지 「이유」가 아니다. 따라서 뒤에 의지 표현이 올 수 없다.
   예 つもりだ・したい・してはならない・すべきだ・した方(ほう)がいい・する……

2. 「から」와 「ので」의 뉘앙스 차이를 알고 구별해서 쓸 것.
   から…강하다.「당연히」라는 느낌.
   ので…부드럽고 정중하다.
   *특히 윗사람이나 손님, 친하지 않은 사람에 대해서는 「ので」를 쓰는 것이 적당하다.

3. 「때문에」는 「ために」로 하기 쉬우나 「ために」의 다른 의미인 「～를 위해」와 착각할 우려가 있으므로 주의해서 써야 한다.

4. 「ために」는 「～て」와 마찬가지로 「이유」라기보다 「원인」이므로, 뒤에 의지 표현이 따르는 문장에 나오는 「때문에」는 「ので」 「から」로 바꾸는 것이 좋다.

5. 「설명」의 「んです」와 강한 이유 표현인 「から」가 붙은 「んですから」는 상대를 납득시키려는 강한 느낌이나, 상대가 알아듣지 못해 초조하다는 느낌을 주기 때문에 주의하여 쓸 것. 보통 그냥 이유를 말할 때에는 「から」만 써도 충분히 강한 느낌이 든다.

다음 한국어 문장을 일본어로 옮기시오.

1. A 「일본 음식엔 어떤 것이 있습니까?」

   ➡

   B 「덴푸라라는 것이 있는데 아주 맛이 있습니다.」

   ➡

2. 오늘 회사를 쉰 것은 감기에 걸렸기 때문이다.

   ➡

3. 이번 회의에 참석한 것은 교육 문제에 대해 한 마디 하기 위해서
   이다.

   ➡

4. 친구가 결혼한 것을 몰랐어요?

   ➡

5. 멀리서 기타를 치는 것이 들린다.

   ➡

6. 사람이 물에 빠진 것을 구출했다.

   ➡

정답과 해설

한국인 학습자가 가장 고생하는 것 중에 「것」이 있다. 「것」이란 하나의 단어가 「こと」「もの」「の」로 나눠지며 어떤 때에 무엇을 쓰느냐가 애매아기 때문이다. 그래서 여기서는 우선 「것」을 몇 개로 나눠, 거기에 해당하는 일본어를 살펴보기로 한다. 여기에서 취급하는 것은 문형으로 외우는 것이 아니므로 문형으로 외어야 되는 것들은 다음 **문법편** 제11장, 제12장에서 다루기로 한다.

1   A「일본 음식엔 어떤 것이 있습니까?」
→「日本料理にはどんな **もの** がありますか。」
　　　　　　　　　　　　の(○)
　　　　　　　　　　　　こと(×)

B「덴푸라라는 것이 있는데 아주 맛이 있습니다.」
→「天ぷらという **もの** があってとてもおいしいです。」
　　　　　　　　　　　の(○)
　　　　　　　　　　　こと(×)

 맨 처음에 나오는 「것」은 **구체적인 물건·눈에 보이는 것**이다. 예를 들면,

- 신선한 **것**으로 주세요.
　→ 新鮮な **もの** を下さい。
　　　　　　　の(○)
　　　　　　　こと(×)

- 손에 든 **것**이 무엇입니까?
　→ 手に持っている **もの** は何ですか。
　　　　　　　　　　の(○)
　　　　　　　　　　こと(×)

와 같이 무엇인가 눈에 보이는 **구체적인 물건을 가리킬 때** 쓰는
「것」은 일본어에서 「もの」혹은 「の」로 나타낸다. 이런 경우,
「こと」는 쓸 수 없다.

그런데 주의할 것은,

* 이것은 내 것이 아닙니다.

  → これ　　は　　私のもの　ではありません。
  　　　　　　　　　私の(○)

  　このもの(△)　私のの(△)

과 같이, 지시사와 같이 쓸 때는 「이것・그것・저것」이 「この
もの・そのもの・あのもの」로 하지 않고 「これ・それ・あれ」
라고만 하면 되며, 소유격이 붙은 것은 「私のの・あなたのの」
와 같이 「の」를 겹쳐 쓸 필요가 없다는 점이다.

2
오늘 회사를 쉰 것은 감기에 걸렸기 때문이다.
→ 今日会社を休んだ　**の**　　は風邪を引いたからだ。
　　　　　　　　　　　こと(×)
　　　　　　　　　　　もの(×)

다음으로 구체적으로 눈에 보이지 않아도 **대치할 수 있는
명사가 무엇인가 있는 경우**의 「것」이다. 문제 문장의 경우

* 오늘 회사를 쉰 것은 감기에 걸렸기 때문이다.
  　　　　　　　=이유

라고 「이유」라는 명사로 바꿔 쓸 수 있는 「것」인데, 이 「것」은
일본어 「の」로만 바꿔 쓸 수 있고 「こと」나 「もの」라고는 쓸 수
없다.

3 이번 회의에 참석한 것은 교육 문제에 대해 한 마디 하기 위해서이다.

→ 今回(こんかい)の会議(かいぎ)に参加(さんか)した **の** は教育問題(きょういくもんだい) **について**

　　　　　　　　　　　　　　　こと(×)　　　　　　　　　に対して(×)
　　　　　　　　　　　　　　　もの(×)

一言言(ひとこと い)うためだ。

이것도 마찬가지로 구체적으로 눈에는 보이지 않지만 대치할 수 있는 명사가 따로 있는 「것」이다. 이 문장의 경우,

• 이번 회의에 참석한 <u>것</u> 은 교육 문제에 대해 한 마디 하기
　　　　　　　　　　 ＝목적

위해서이다.

와 같이 「것」을 「목적」으로 바꿀 수 있다. 이런 「것」은 문제 2의 해설에서 보았듯이 꼭 「の」만을 쓸 것이다.

문제 1의 「것」은 구체적인 사물을 가리키는 「것」이므로 「もの」「の」 양쪽 다 쓸 수 있는 데 비해, 문제 2, 3의 「것」은 「の」밖에 통용되지 않으므로 오류가 많다. 한국어로 생각해도 좋으니 대치될 수 있는 명사가 있는지 한 번 생각해 보아야 한다. 참고로

• 부모의 사랑을 알게 된 <u>것</u> 은 내가 아이를 낳고 나서였다.
　　　　　　　　　　　＝시기·때

→ 親(おや)の愛(あい)がわかった **の** は私(わたし)が子供(こども)を産(う)んでからだった。
　　　　　　　　　　　こと(×)
　　　　　　　　　　　もの(×)

• 남녀 고용 기회 균등법이 제정된 <u>것</u> 은 1986년이다.
　　　　　　　　　　　　　　　　＝해

→ 男女雇用機会均等法が制定された **の** は1986年だ。
      こと(×)
      もの(×)

- 실패한 <u>것</u> 은 내 탓입니다.
      = 원인
  → 失敗した **の** は私のせいです。
      こと(×)
      もの(×)

와 같은 문장도 마찬가지다.

4
친구가 결혼한 것을 몰랐어요?
→ 友達が結婚した **こと** を知りませんでしたか。
      の(○)
      もの(×)

세 번째로 「것」에는 위와 달리 **명사로 대치할 수 없는** 「것」
이 있다. 한국어로 「~ㅁ」「~기」로 대치되는 것들로 이것
들은 일본어에서 「の」「こと」두 개를 쓸 수 있다. 예를 들면,
- 그것이 사실 <u>인 것</u> 을 증명해라.
      = 임
  → それが事実である **こと** を証明せよ。
      の(○)
- 일찍 일어나 <u>는 것</u> 은 힘들다.
      = 기
  → 早く起きる **こと** はつらい。
      の(○)

와 같은 것은 대치될 명사가 없는 것이 문제 2, 3과 다르다.

5 멀리서 기타를 치는 것이 들린다.
→ 遠く <u>から</u> ギターを弾く <u>の</u> が聞こえる。
で(○)   こと(×)

대치되는 명사가 없는 「것」에는 「の」「こと」둘 다 쓸 수 있다고 설명했으나, 주의해야 할 점이 두 가지 있다.

하나는 여기에서 보듯이 「見る」「見える」「聞く」「聞こえる」 등 시각・청각에 관한 동사 앞에서는 꼭 「の」밖에 쓸 수 없다는 점이다. 예를 들면,

- 산이 무너지는 **것** 을 직접 보았다.
  → 山が崩れる <u>の</u> を直接見た。
  こと(×)

- 자명종이 울리는 **것** 을 들었습니까?
  → 目覚まし時計が鳴る <u>の</u> を聞きましたか。
  こと(×)

와 같다. 따라서 문제 문장에서도 「들리다」 앞의 「것」은 「の」가 된다.

그런데 「聞く」 앞에 「こと」가 오는 경우 오해하기 쉽다.

- 夫が帰って来る<u>こと</u>を聞いた。

여기서는 「남편이 돌아온다고 들었다」는 뜻이지, 「남편이 돌아올 때 내는 소리를 들었다」는 뜻은 아니다. 직접 소리를 들었다면, 역시 「こと」가 아니라 「の」를 써야 한다.

이처럼 직접 사물의 변화・동작을 나타내는 「の」는 「こと」에 비해 **동적인 말**이라고 할 수 있다.

6 사람이 물에 빠진 것을 구출했다.

→ 人が水に溺れていた の を助け出した。
こと(×)

대치되는 명사가 없는 「것」 중에서 주의해야 할 문제 두 번째이다. 「見る」 「聞く」가 「の」밖에 쓸 수 없는 것과 같이, **동적인 장면의 「것」도 「の」밖에 쓸 수 없다.** 예를 들면 할머니가 무거운 짐을 들고 있는데 그것을 도와 줄 때, **현재 눈앞에서 할머니가 들고 있다는 동적인 장면**이기 때문에 동적인 「の」를 써서

• 荷物を持つ の を手伝いましょうか。
こと(×)

라고 한다. 또 무대에 나가기 전에 가슴이 두근거리는데 그것을 진정시킬 수 없을 때는

• 胸がドキドキする の を押さえられない。
こと(×)

라고 한다. 아이들이 떠들고 있으면,

• 騒ぐ の をやめなさい。
こと(×)

라고 할 것이다.

참고로 같은 동사를 쓰면서도 동적인 움직임이 없을 때에는 「こと」를 쓸 수도 있다.

• 荷物を持つ<u>こと</u>を手伝うだけでもずいぶん助かるはずだ。

• 胸がドキドキする<u>こと</u>を押さえるには「人」という字を手の平に書いて飲むといい。

이것들은 지금 현재, 짐을 들고 있거나 가슴이 두근거리는 것이

아니라, 일반적인 이야기이고 동적인 움직임은 아니다. 따라서 「こ
と」를 쓸 수가 있다.

「것」에 해당하는 일본어는 세 가지 있다.

1. 구체적인 명사・사물・물건・눈에 보이는 「것」

   ⇒ 「もの」〔の(○)・こと(×)〕

   예 새 **것**을 주세요.

   → 新しい **もの** を下さい。
   　　　　　　の(○)

   주의! ・「이것・그것・저것」→「これ・それ・あれ」

   　　　・소유격은 「の」를 겹치지 말 것.

   　　　　「내 것・당신 것」→「私の・あなたの」

2. 대치될 명사가 있는 「것」(구체물이 아니라도 됨)

   ⇒ 「の」〔こと(×)・もの(×)〕

   예 오늘 회사를 쉰 **것**은 감기가 들었기 때문이다.

   → 今日会社を休んだ **の** は風邪を引いたからだ。
   　　　　　　　　　　こと(×)
   　　　　　　　　　　もの(×)

3. 대치될 명사가 없는 「것」

   ⇒ 「の」〔こと(○)・もの(×)〕

   예 친구가 결혼한 **것**을 몰랐습니까?

→ 友達が結婚した　の　を知りませんでしたか。
　　　　　　　　こと(○)
　　　　　　　　もの(×)

주의!

• 「見る」「見える」「聞く」「聞こえる」앞에서는 꼭「の」뿐.

예 산이 무너지는 것을 보았다.

→ 山が崩れる　の　を見た。
　　　　　　　こと(×)
　　　　　　　もの(×)

• 동적인 장면, 지금 현재 행해지는 장면에서는「の」뿐.

예 떠들지 마!

→ 騒ぐ　の　をやめなさい。
　　　　こと(×)
　　　　もの(×)

여기서는 문형이 아닌 것을 취급했는데 문형으로 외우는 것은 다음 **문법편 제11장, 제12장**을 참조하기 바란다.

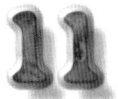 **～だ/~거든 ‥~것이다**

다음 한국어 문장을 일본어로 옮기시오.

1. 실은 저, 다음달에 결혼하거든요. 그래서 휴가를 얻고 싶은데요.
   ○

2. A「이 개는 멍멍 짖지 않고 얌전하군요.」
   ○

   B「이것은 개가 아니고 고양이거든요.」
   ○

3. 나는 한국 사람이에요.
   ○

4. 기운이 없군요. 어디 아파요?
   ○

5. A「실은 다음달에 결혼하거든요.」
   ○

   B「네, 그래요. 그래서 요즘 많이 예뻐졌군요.」
   ○

6. 피곤하니까 좀 쉬게 해 주세요.
   ○

미리 강조해 두는 것은 「のだ」「んです」는 단순한 「강조」만이 아니
라는 것이다. 「の」「ん」은 다음에 살펴보게 될 것과 같이 그 상황에
맞는 경우에만 쓸 수 있는 표현이다. 그런데 일본인의 회화를 듣다 보
면 「のだ」「んです」가 많이 사용되고 있음을 발견하게 될 것이다. 그
래서 「のだ」「んです」를 회화체로만 알거나 강조형이라고만 알고 아
무 생각없이 막 쓰게 된다. 그러나 그런 말들이 상대 일본인에게는 「한
국 사람은 자기 주장이 너무 강하다」「나를 바보 취급하는 것 같다」
라는 오해를 일으키고 있는지도 모른다. 오해하지 않도록 하기 위해
다음과 같은 경우만이라도 이것들을 적당히 구별하여 쓰도록 주의해
야 한다.

1 실은 저, 다음달에 결혼하거든요. 그래서 휴가를 얻고 싶은
데요.
→ 実は私、来月結婚 **するんです。**それで休暇を取りたい
します(○)

と思いまして。

「のだ」「んです」는 회화에서 많이 쓰는데 아무 의미 없이
쓰는 것은 아니다. 「강조」라고 배웠다고 해서 아무 때나 강
조만 하는 것으로 아는 것도 잘못이다. 「ん」은 회화체, 「の」는
문장체라는 차이는 있으나 이것들은 같은 뜻으로 쓰인다. 즉 「설
명」하듯이 상대가 모르는 사항을 가르쳐 주는 경우에 쓴다.
따라서 「のだ」「んです」를 함부로 쓰면 상대가 「잘난 척하시네」
라고 반감을 일으키게 된다.

문제 문장에서는 결혼한다는 사실을 모르는 상대에게 알린다는
뜻으로「～んです」를 썼다.

2 A 「이 개는 멍멍 짖지 않고 얌전하군요.」
   → 「この犬は、わんわん吠(ほ)えなくておとなしいですね。」

   B 「이것은 개가 아니고 고양이거든요.」
   → 「これは犬ではなくて猫(ねこ)なんです。」

마찬가지로 상대가 개라는 것을 모르기 때문에 사실을 가
르쳐 줘야 한다. 따라서「～んです」사용이 가능하다.

3 나는 한국 사람이에요.
   → ① 私は韓国人です。
     ② 私は韓国人なんです。

정답은 ①도 되고 ②도 된다. 그러나 사용되는 상황이 분명
히 다른 것을 알 수 있다.

우선 ①은 사람들 앞에서 자기 소개를 하는 등의 경우로,
• 初(はじ)めまして。金(キム)と申(もう)します。韓国人(かんこくじん)です。趣味(しゅみ)は山登(やまのぼ)りです。
  どうぞよろしくお願(ねが)いいたします。

라는 문맥으로 쓰인다. 그런데 이런 경우에도 한국인이 잘못 쓰
는「んです」가 나온다.
• 初(はじ)めまして。金ともうします。韓国人なんです。趣味は山登
  りなんです。

원래 자기 소개란 그 자체가 상대가 처음 듣는 내용이므로, 굳이 「상대가 모르는 일을 가르쳐 주는」 뜻인 「のだ」「んです」를 사용할 필요가 없다. 불필요한 데에 쓰인 「~のだ」「~んです」는 「자기 주장이 강하다」「나를 바보 취급한다」 등의 오해를 일으키므로 주의를 요한다.

다음으로 ②는 「んです」를 쓴 문장이므로 「설명」의 뜻을 필요로 하는 상황이다. 즉, 「상대가 모르는 일을 가르쳐 준다」는 경우로 다음과 같은 상황을 예상할 수 있다.

일본인과 일본어로 회화를 하고 있다. 상대는 당신의 일본어 실력이 높아 외국인이라고 생각하지도 않았는데 회화가 진행됨에 따라 뭔가 이상하다는 느낌을 받게 된다. 그래서 「고향이 어디세요?」라고 질문을 받았다고 하자. 이제야 당신은 한국 사람이라는 사실을 설명해 줘야 되지 않겠는가? 상대가 모르니까 「んです」를 써서

- 私は韓国人なんです。

라는 설명이 필요하다.

4 기운이 없군요. 어디 아파요?
→ 元気が **ありませんね。** どこか具合が悪い **んですか。**
　　　　ないですね(○)　　　　　　　　　　　　　ですか(○)

이번에는 「んです」의 두 번째 뜻으로 내가 설명하는 것이 아니고 **상대에게 설명을 요구하는 의문문**이다. 「んですか」「~のか」 형식의 질문은 보통 의문문보다 「**자세한 설명을 듣고 싶다**」는 뉘앙스를 담고 있다. 따라서 아무것이나 「んですか」「~のか」로 질문하면 안 된다. 예를 들면,

> • どちらにお住まいなんですか。お名前は何なんですか。年は
> おいくつなんですか。

라고「んですか」를 연발하면 상대는 신문을 받는 느낌이 들 것이다.「んですか」「のか」이 질문은 그저 대답을 물을 뿐 아니라「나의 의문점을 풀어 줄 수 있는 설명을 해 달라」는 의미를 갖기때문이다.

> • 항상 지각하는데 집이 멀어서 그런 것인가?
> → お宅はどちらなんですか。
>
> • 타고 있는 자전거에 쓰인 이름과 신분증의 이름이 다르다.
> 수상한데…
> → お名前は何なんですか。
>
> • 꽤 나이를 먹은 것 같은데 옷차림이 학생 같다. 진짜 나이는…?
> → おいくつなんですか。

와 같이 단순히 주소나 이름을 알려고 하는 것이 아니라 한글 부분과 같은 의심을 갖고 있는 질문이다.

5
> A「실은 다음달에 결혼하거든요.」
> → 「実は来月結婚するんです。」
>
> B「네, 그래요. 그래서 요즘 많이 예뻐졌군요.」
> → 「ああ、そうなんですか。それでこの頃きれいになったんですね。」

A의 말 중에「結婚するんです」는 상대가 모르는 일을 설명해 주는「のだ」「んです」이다.

B의 말 중에 「のだ」「んです」의 세 번째 뜻인 「납득」의 의미로 쓰인 문장이 나온다. 상대의 말을 듣고 「납득했다」「이해가 되었다」고 할 때 쓴다.

문제 문장에서 B씨는 요즘 A씨가 예뻐졌다고 느끼고 있는데 왜 그런가 하고 궁금했었다. 거기에 A씨가 설명을 해 주니까 의문이 풀려 「납득」한 것이다.

비슷한 예문을 들어 보자. 어떤 집에서 고양이를 기르는데 그 집에 아기가 태어났다. 식구들은 이전에는 고양이를 많이 귀여워해 주었는데 요즘은 아기에만 관심이 있고 고양이인 「나」에게는 신경을 쓰는 사람이 없다. 그래서 고양이인 「나」가 비로소 깨달았다.

- ああ、私は猫なんだ。人間ではないんだ。

이런 경우의 「납득」의 「のだ」「んです」는 「설명」의 「のだ」「～んです」와 달리 혼잣말로도 쓸 수 있다.

6 피곤하니까 좀 쉬게 해 주세요.
→ ① 疲れているから少し休ませてください。
② 疲れているんだから少し休ませてください。

실제로 사용할 때 가장 주의가 필요한 것은 「설명」「납득」의 「のだ」「んです」와 「이유」의 「から」를 붙여서 쓰는 경우이다. 이유를 말할 때 「のだから」「んですから」라고 하면 너무 강하다. 예를 들면, ①에서는

- 疲れているから少し休ませてください。

라고 피곤하다는 이유를 말할 뿐이지 상대에게 나쁜 감정을 갖

는 것은 아니다. 그러나 ②에서는

• 疲れている**んだから**少し休ませてください。

라고 「から」로 이유를 말할 뿐 아니라 「んです」를 써서 「납득」 시키려 하고 있다. **초조하고 화가 났다**고 생각할 수 있다. 「몇 번이고 말했는데 아직도 모르냐. 당신이 모른다고 하니까 다시 한 번 설명해 주겠는데 나는 피곤한 것이다. 그러니까 좀 조용히 해서 나를 쉬게 해 달라」는 뉘앙스이다.

물론 「のだから」 「んですから」가 언제나 초조함을 나타내는 것은 아니다. 그러나 **상대를 납득시키려는 의지가 강하게 나타나는 것은 확실하다.** 예를 들면,

• せっかくの夏休み**なんだから**、どこかへ行きましょうよ。

• わざわざ作ってくださった**んですから**、さっそくいただきましょう。

와 같은 경우, 초조한 것은 아니고 납득시키려는 마음이 강한 것을 느낄 수 있고 「꼭」 「부디」라는 뉘앙스가 첨가된다.

요컨대 단순한 이유 표현에 함부로 「のだ」 「んです」를 붙이지 말 것. 이에 대해서는 **문법편 제9장** 문제 10의 해설을 참조하기 바란다.

1. 「〜のだ」 「〜んです」에는 세 가지 의미가 있다.
   ① 상대가 모르는 일을 가르쳐 줄 때
   예 今度結婚する**んです**。

② 상대에게 자세한 설명을 요구할 때.

　예 (젊어 보이는데)

　　おいくつなんですか。

③ 납득했을 때 · 이해가 갔을 때.

　예 ああ、そうなんですか。韓国の方なんですか。

2. 「のだ」「んです」를 이상의 세 가지 경우 외에도 함부로 쓰면 자기 주장이 강하다는 등의 오해를 받기 쉽다. 특히 이유의 「から」를 첨가하여 「のだから」「んですから」는 꼭 필요할 때에만 쓰도록 유의하자.

일본인이 「のだ」「んです」를 잘 쓰는 이유는 다음과 같다. 질문을 할 때 설명을 요구하는 것이 바로 상대에 대한 관심의 표현이며,「아, 그래요」라고 할 때도 「そうなんですか」라는 「납득」의 의미가 상대 말에 대한 관심을 나타낸다. 일본인의 커뮤니케이션이란 서로 상대의 말에 끄덕끄덕하면서 「잘 듣고 있습니다」「납득이 갔습니다」라고 같이 회화를 만들어 가는 것이다. 거기에 「のだ」「んです」가 필요하게 되는데 외국인이 불필요한 데까지 써서 오해를 줄 우려도 있으니 실로 어려운 표현이다.

12 ～ことだ・～ものだ・～のだ・～わけだ / ~는 것이다 기타

나음 일본어 문장은 한국어로, 한국어 문장은 일본어로 옮기시오.

1. 親は子供を愛するものだ。

   ○

2. カンニングをしないこと。

   ○

3. 愛は全てを捧げることだ。

   ○

4. 子供の頃よく泣いたものだ。

   ○

5. 人口1億人に対して小売店が160万軒あるから一軒あたり約70人の客がいるわけだ。

   ○

6. ビール6本も飲めば酔うわけだ。

   ○

7. 女が全て子供が好きだというものではない。

   ○

8. 私はお酒が好きだが、かといって毎日飲むわけではない。

   ➲

9. 목표는 빨리 읽는 것이 아니라 정확히 읽는 것입니다.

   ➲

정답과 해설

일본어를 공부하면서 헷갈리는 것이 「もの」「こと」「の」인데, 이것은 두 가지로 나눠 생각해야 한다. 하나는 문형이 아닌 독립적인 것으로 이것에 대해서는 **문법편 제10장**에서 자세히 살펴보았다. 또 하나는 문형으로 외우는 것들로, 그 중에서 가장 중요한 「のだ」에 대해서는 **문법편 제11장**에서 별도로 다루었다. 그리고 나머지 문형들은 여기서 살펴보고자 한다. 문형으로 외우는 「ものだ」「ことだ」「のだ」에 「わけだ」도 참고로 추가하여 일본어를 한국어로 옮길 때 무엇을 쓰느냐에 주목하여 설명하려고 한다. 아무것이나 다 「～것이다」로 하지 않도록 말이다.

1 親は子供を愛するものだ。

→ 부모는 자식을 사랑 **하는 법이다**.
　　　　　　　　　　하기 마련이다(○)

　　「～するものだ」 문형은 한국어 「～하기 마련이다」「～하는 법이다」에 해당한다. **보편적인 진리·당연함**을 나타낸다. 예를 들면,

- 女性も宝石も磨いてこそ美しくなる<u>ものだ</u>。
- 人は年をとる<u>ものだ</u>。
- 努力すれば実る<u>ものです</u>。

와 같다. 그리고 이것이 **당연한 의무·명령**으로 확상되어, 아래
와 같은 문장으로 쓰이기도 한다.

- 年寄りの言うことは聞く<u>ものだ</u>。
- 親に隠し事をする<u>ものじゃない</u>。

이것들은 「일반론으로서 당연하기 때문에 너도 그렇게 해야 한
다」는 뜻으로 역시 「～하는 법이다」에 해당한다.

2 カンニングをしないこと。

→ 커닝을 하지 말 것.

위의 「～するものだ」의 명령과 비슷한 문형으로 「～する
こと(だ)」가 있다. 「こと」에는 「필요」의 뜻이 있는데 예
를 들면, 「～することはない」 문형을 사용하여

- 体を崩してまで会社に行くことはない。

  (몸을 해치면서까지 회사에 갈 것[필요]은 없다.)

- そんなに怒ることはないでしょう。

  (그렇게 화를 낼 것[필요]은 없잖니.)

와 같다. 이것과 반대로 「필요가 있다」는 뜻으로 쓰인 것이 문제
문장의 문형 「～すること(だ)」이다. 이것은 「필요가 있다」로부
터 **충고나 명령**의 뜻으로 쓰이는데 한국어에서는 「～할 것」에
해당한다.

3 愛^{あい}は全^{すべ}てを捧^{ささ}げることだ。

→ 사랑은 모두를 바치는 일이다.

그런데 「A는 B ことだ」라는 문형은 「ものだ」 「のだ」와 구별할 필요가 있다. 「A는 B ことだ」는 「A＝B」 즉, **같은 것임**을 뜻한다.

• かき氷は「빙수」の<u>こと</u>です。(かき氷＝빙수)

문제 문장도

• 愛は全てを捧げる<u>こと</u>だ。 (愛＝全て捧げる)

와 같은 뜻이다. 이것과 「～するものだ」를 비교하면, 문제 1의 해설에서 보았듯이 「당연한 진리」의 뜻이 된다.

• 愛は全て捧げる<u>ものだ</u>。(사랑은 모두 바치는 **법이다**.)

또 「のだ」와 비교하면, **문법편 제11장**에서 보았듯이 「상대가 모르는 것을 설명」하는 뜻이 되어

• 愛は全て捧げる<u>のだ</u>。(사랑은 모두 바치는 **것이란다**.)

와 같이 되어 서로 차이가 난다. 그런데 「～するものだ」나 「のだ」가 문형으로 파악되는 사람도 「A는 B ことだ」가 구별되지 않는 경우가 많다. 이들은 각각 다른 뜻을 가진 독립된 문형으로 이해해야 한다.

4 子供^{こども}の頃^{ころ}よく泣^ないたものだ。

→ 어릴 때 자주 울곤 했다.

문제 1의 해설에서 본 문형 「～**する**ものだ」와 달리 과거형에 붙는 「ものだ」는 **회상**을 나타낸다. 「～し**た**ものだ」의

형태로 **그립다는 느낌**을 동반한다. 예를 들면,

- 昔は日が暮れるまで遊んだものだ。

와 같다. 하지만 그리움없이 그저 과거의 일이 반복되는 것을 나타내는 경우는 「〜したものだ」는 쓰지 않는다. 예를 들면,

- 昔の女性は差別されていた。

는 단순한 과거의 객관 묘사지만, 「〜したものだ」를 써서

- 昔の女性は差別され<u>たものだ</u>。

라고 하면, 그립다는 느낌이 있거나, 아니면 「지금은 많이 개선되어 좋구나」라는 느낌을 나타낸다. 그리고 「〜したものだ」는 자신이 **직접 경험한 과거**가 아니면 쓸 수 없으므로

- この辺りを恐竜が歩いていたものです。

라는 문장은 현실적으로 있을 수 없다.

---

5 人口1億人に対して小売店が160万軒あるから一軒あたり約70人の客がいるわけだ。

→ 인구 1억 명에 대해 소매점이 160만 개 있으므로 한 소매점당 약 70명의 고객이 있는 셈이다.

「〜ものだ」「〜のだ」「〜ことだ」가 나온 김에 비슷해서 오해하기 쉬운 「〜するわけだ」에 대해 살펴보자.

「〜するわけだ」에는 크게 세 가지 의미가 있다. 하나는 문제 문장과 같이 앞에서 말한 일을 정리해서 쉽게 설명해 줄 때 쓰는 한국어의 「〜셈이다」에 해당하는 것이 있다. 예를 들면,

- もう12月ということは、1年がほとんど終わってしまった<u>わ</u><u>けです</u>。

와 같이, 과거형 「た」가 앞에 있어도 뜻이 달라지지 않는 점이
「〜するものだ」(〜하는 법이다) 「〜したものだ」(〜하곤 했다)와
다르다.

6 ビール6本も飲めば酔うわけだ。

→ 맥주 6병이나 마셨으니 취하는 것도 당연하지.

「〜するわけだ」의 두 번째 의미는 **당연한 결과**이다. 주의
점은 「わけ」 앞이 현재형을 썼다고 해도 일은 **이미 일어난**
사실에 대한 결과라는 점이다. 문제 문장은 맥주 6병을 마시고
취한 사람을 보고 말한 문장으로, 「〜するものだ」의 보편적 진
리와 전혀 다르다.

• ビール6本も飲めば酔うものだ。

(맥주 6병이나 마시면 취하기 마련이다.)

는 일반적인 이야기이고 지금 눈앞에 취해 있는 사람이 있는 것
은 아니다. 이와 같이 「〜するわけだ」는 과거형은 쓰지 않지만
현실로 일어난 일을 전제로 하는 말이라는 것에 주의하자.

 긍정형

현재형에 접속	과거형에 접속
〜するものだ	〜したものだ
① 보편적진리	회상+그리움

② 당연히 해야 하는 일·명령	
〜することだ ① 필요·충고·명령 ②「A는 B`ことだ」문형 A－D	〜したことだ (옆 ②와 같다)
〜するのだ 설명 → **문법편 제11장** 참조	〜したのだ (옆과 같다)
〜するわけだ ① 쉽게 해설 ② 당연한 결과 ③ 설명	〜したわけだ (옆 ①③과 같다)

7 女が全て子供が好きだというものではない。

→ 여자가 모두 아이를 좋아한다는 법은 없다.

이번에는 「もの」「こと」「わけ」「の」 뒤가 부정인 경우이
다. 우선 「〜する(という)ものではない」는 **일반적인 통론**
을 부정할 때 쓴다. 예를 들면, 일본어가 한국어와 비슷한 점이
많아 한국에서는 「일본어는 쉽다」는 통론이 있지만, 그 통론을
부정할 때에,

• 日本語は易しいものではない。

라고 하거나, 중국차만 마시면 꼭 살을 뺄 수 있다는 통론을 부
정한다면,

• 中国茶さえ飲めばやせるというものではない。

라고 한다. 문제 문장도 「여성은 모두 모성애를 느끼는 법이다」
라는 통론을 부정하는 문장이다.

8 私はお酒が好きだが、かといって毎日飲むわけではない。

→ 나는 술을 좋아하지만 그렇다고 매일 마시는 것은 아니다.

✏️ 두 번째 「〜する(という)わけではない」는 **당연한 귀결·결과의 부정**이다. 「〜する(という)もの ではない」가 **일반적**인 통론의 부정이라면 「〜する**わけ**ではない」는 **개별적**인 것의 부정이다. 따라서 일반적으로 널리 알려진 일이 아니어도 된다. 문제 문장의 경우도 「나」라는 개별적인 이야기이므로 「〜する わけではない」는 쓸 수 있으나 「〜する(という)ものではない」는 어색하다. 예를 들면,

• 韓国人なら皆キムチが好きだという**もの**ではない。

(일반적 통론 「한국인이면 다 김치를 좋아한다」의 부정)

• 私はキムチが好きですが、辛ければ何でも好きという**わけ**ではありません。

(「나」에 관한 개별적인 이야기)

그리고 「〜する(という)わけではない」는 앞에 반드시 전제가 있고 **그 전제에 어긋나는 일이 있을 때** 쓰는 문형이다. 위의 예에서 보면 「나는 김치를 좋아합니다」라는 전제가 있어서 이것만 보면 상대가 「그러면 세계 어느 나라 음식이든지 매운 것은 다 좋아하겠다」고 추측을 하겠는데, 그것을 부정하는 것이다. 결국 「**그렇다고 해서**」의 뜻으로 이어지는 문장이라고 할 수 있다. 이런 점에 대해 긍정형인 「〜するわけだ」와 비교해 보자.

• 〜するわけだ : 전제 → (그러니까 당연히) → 결과

🔲 入社してもう10年だから「中堅社員」だと言って良いわけだ。

(전제) → (그러니까 당연히) → (결과)

- 〜するわけではない : 전제 → (그렇다고 해서) → 결과 부정

  예 <u>入社して10年経ったからといって何でもできる</u>(という)

  　(전제) → (그렇다고 해서) → (당연한 결과)

  わけではない。

  → (부정)

9 목표는 빨리 읽는 것이 아니라 정확히 읽는 것입니다.
→ 目標は速く読む **こと** ではなく、正確に読む **こと** です。
　　　　　　　　　の(×)　　　　　　　　　　の(×)
　　　　　　　　　もの(×)　　　　　　　　　　もの(×)
　　　　　　　　　わけ(×)　　　　　　　　　　わけ(×)

이것은 문제 3의 부정형으로 「A≠B」(A는 B가 아님)를 뜻한다. 따라서 「A는 B 것이 아니다」는 A와 B가 둘 다 반드시 있어야 하고 또 명사나 명사 종류이어야 한다. 예를 들면,

- <u>趣味</u>は<u>音楽を聞くこと</u>ではありません。
  　A　≠　　　B

- <u>日本語を学ぶこと</u>は<u>日本を知ること</u>ではない。
  　　A　　　≠　　　B

와 같다.

그런데 이런 경우에는 「〜のではない」라고 하면 오류가 된다. 「〜のではない」는 명사나 명사 종류의 부정이 아니라 **문장의 부정**이기 때문이다. 예를 들면,

- 먹고 있는 **것** 이 아니라 맛을 보고 있는 거예요.
  → 食べている **の** ではなく味を見ているのです。
  　　　　　　こと(×)

와 같이 「食べている」(먹고 있다)라는 작지만 괄호로 묶을 수 있는 하나의 문장을 부정할 때 쓰는 것이 「～のではない」이다. 이 문장에는 「A는 Bことではない」의 A에 해당하는 부분이 없 <u>으므로</u> 「こと」를 쓸 수 없다. 한국어에서는 「～하는 것이 아니 다」에 해당하기 때문에 「～する<u>こと</u>ではない」「～する<u>の</u>ではな 이」를 혼동하는 오류가 많으나 분명히 차이가 있는 것이다. 하나 더 예를 들면,

- 미용실은 일요일에 쉬는 것은 아니다.
  → 美容院は<u>日曜日</u>に<u>休む</u>　　の　ではない。
  　　　　하나의 작은 문장　こと(×)

- 점원「무엇을 드릴까요?」
  손님「아니오. 사려는 게 아니라 구경하고 있는 거예요.」
  → 店員「何をお求めですか。」
  　　お客「いえ、<u>買う</u>　　　の　ではなくて見ているのです。」
  　　　　하나의 작은 문장 こと(×)

작은 문장이라도 문장을 부정할 때는 꼭 「～のではない」를 써 야 한다는 점에 유의하자.

 부정형

～する(という)ものではない

- 일반적 통론의 부정
  예 女が全て子供が好きだという<u>もの</u>ではない。

〜する（という）わけではない

* 당연한 귀결의 부정   • 개별적 OK

* 전제에 어긋나는 일「そうだからといって」「그렇다고 해서」

> 예 私はお酒が好きだが、かといって毎日飲む***わけ***ではない。

〜する（という）ことではない

* A≒B(A는 B가 아니다)   • A와 B가 갖추어져야 한다

* A・B 모두 명사나 명사 종류

> 예 目標は速く読む<u>こと</u>ではない。

〜するのではない

* 문장의 부정

* 작더라도 괄호로 묶을 수 있는 부분을 부정

> 예 食べている<u>の</u>ではなく味を見ているのです。

이와 같이 긍정형이나 부정형이나 네 가지 유형을 각각 비교해 보았는데 다 같은 뜻이 아니라는 것을 확실히 이해해야 한다.

그런데 여기서는 일반적으로「文型」으로 배우는 것들은 취급하지 않았다. 예를 들면,

* ~할 필요가 없다 〜することはない
* ~할 리가 없다 〜するわけはない
* ~와 같은 것이다 〜のようなものだ
* ~하는 일이 없다 〜することがない
* ~하기로 하다 〜することにする
* ~한 일이 있다 〜したことがある

등등 많이 있으나, 이것들은 교과서에서도 확실히「文型」으로 취급하기 때문에「こと」를「の」라고 하거나「もの」를 사용하는 오류는 그리 많지 않다.

13 ～かもしれない・～かしらない・～かわからない・～かしれない / ~ㄹ지 모른다

다음 일본어 문장은 한국어를 번역한 것이다. 오류가 있는 문장은 지적하고 옳은 문장은 서로 그 의미 차이를 비교하시오.

1. 내일 비가 올지 모른다.
   ① あした雨が降るかもしれない。
   ② あした雨が降るか知らない。
   ③ あした雨が降るかわからない。
   ④ あした雨が降るかしれない。

2. 누가 올지 모른다.
   ① 誰が来るかもしれない。
   ② 誰が来るか知らない。
   ③ 誰が来るかわからない。
   ④ 誰が来るかしれない。

3. 저녁은 어디서 먹을지 모른다.
   ① 夕食はどこで食べるかもしれない。
   ② 夕食はどこで食べるか知らない。
   ③ 夕食はどこで食べるかわからない。
   ④ 夕食はどこで食べるかしれない。

4. 얼마나 눈물을 흘렸는지 모른다오.
   ① どんなに涙を流したかもしれない。
   ② どんなに涙を流したか知らない。

③ どんなに涙を流したかわからない。

④ どんなに涙を流したかしれない。

5. 현재 도쿄〜하카타 사이를 운행하고 있는 「노조미」호는 결함 투성이라 언제 큰 사고가 날지 모른다.

現在東京〜博多間を運行している「のぞみ」号は欠陥だらけで、

① いつ大事故が起きるかもしれない。

② いつ大事故が起きるか知らない。

③ いつ大事故が起きるかわからない。

④ いつ大事故が起きるかしれない。

정답과 해설

한국어 「〜할지 모른다」와 「〜할지도 모른다」는 의미상의 구별이 없다. 「도」가 있고 없음이 별문제가 아니기 때문에 일본어에서도 「も」의 유무를 소홀히 하는 경향이 있다. 즉 「かもしれない」와 「かしれない」를 같은 것으로 알고 있는 사람이 많다.

또 하나의 문제점은 「모르다」에 해당하는 말은 「知らない」 「わからない」인데, 표현하려는 뜻에 따라 이 단어들을 구별해서 써야 된다는 점이다. 「知る」 「わかる」의 의미 차이에 대해서는 **단어편 제6장**에서 자세히 살펴봤는데 여기서는 그 응용을 살펴보고자 한다.

1 내일 비가 올지 모른다.
→ ① あした雨が降るかもしれない。

「かもしれない」는 말하는 이의 독단적인 추측이다. 「かも
しれない」는 한 세트이기 때문에 「も」를 기본적으로 빼서
는 안 된다. 의미가 「내 느낌이라 장담할 수 없다」는 뉘앙스를
포함하고 있어 「비가 올지 모른다(그러나 안 올지 모른다)」고 해
석할 수 있다. ②의 「か知らない」와는 ひらがな 하나 차이지만
의미가 전혀 다르므로 분명히 구별할 것. 그래서 대개 「かもしれ
ない」 구문은 ひらがな를 쓰고, 「か知らない」는 한자를 써서 구
별한다.

내일 비가 올지 모른다.
→ ② あした雨が降るかどうか知らない。

문법적 오류로 「知らない」 앞을 「かどうか」로 고쳐야 한
다. 일본어는 「知る」「わかる」 앞의 원래 문장이 의문사가
있는 의문문인지 의문사가 없는 의문문인지를 분명히 구별해서
의문사가 있으면 「か」, 없으면 「かどうか」를 써야 한다.

- 의문사(いつ・誰・どこ・何・なぜ…)가 있는 의문문＋か＋
  知る・わかる
- 의문사가 없는 의문문＋かどうか＋知る・わかる

라는 규칙이다. 예를 들면, 의문사가 있는 경우,

- 写真はいつできますか?＋知りません
  (의문사)

  → 写真が いつ できる か 知りません。
  (사진이 언제 나올지 모르겠습니다.)

- 誰が欠席していますか?＋わかりますか
(의문사)

→ **誰** が欠席している **か** わかりますか。

(누가 결석했는지 알아요?)

와 같이 「か」를 붙이는데, 의문사가 없는 문장에는,

• この問題は解決できますか?＋ わからない。(의문사 없음)

→ この問題が解決できる **かどうか** わからない。

(이 문제가 해결될지 모른다)

• 木村さんは明日来ますか?＋ 知っていますか(의문사 없음)

→ 木村さんが明日来る **かどうか** 知っていますか。

(기무라 씨가 내일 올지 아십니까?)

와 같이 「かどうか」를 붙인다. ( ) 안의 한국어가 「〜ㄹ/ㄴ지 **어떤지**」라고 해석하지 않더라도 문법적으로는 틀리지 않는 것과는 대조적이다. 하지만 일본어로 옮기면서도 「かどうか」를 빠뜨리는 오류가 특히 많으므로 주의해야 한다.

그런데 문장의 뜻은 ①「かもしれない」의 「추측」과 전혀 다르다. ひらがな 하나 차이지만 「か(どうか)知らない」는 「知らない」 즉, 「모른다」는 것이다. 「知る」의 본뜻이 「지식」이기 때문에 여기서는 「비가 올지 안 올지 일기 예보를 보지 못했으니 모른다」「뉴스를 안 들었으니 모른다」는 뜻으로 「정보가 없다」「안 들었다」는 뉘앙스를 가진다.

내일 비가 올지 모른다.

→ ③ あした雨が降るかどうかわからない。

②와 마찬가지로 「知る」「わかる」 앞의 원래 문장에 의문사가 없으면 「かどうか」가 되어야 한다. 「か」는 문법적 오류이다.

그리고 ②와 다른 점은 「わからない」인데, 「知らない」가 「정보가 없다」 「못 들었다」는 뉘앙스라면 「わからない」는 「**판단할 수 없다**」는 뉘앙스이다. 「나는 일기 예보사가 아니므로 지금의 하늘만 보고 내일 날씨를 판단할 수 없다」는 뜻이다.

내일 비가 올지 모른다.
→ ④ あした雨が降るか知れない。

①의 해설에서 보았듯이 「かもしれない」는 한 세트이므로 「も」를 빼서는 안 된다고 알고 있는 것이 좋다. 왜냐하면 뒤에 나오는 문제 2, 3에서 다룰 「かもしれない」와 「かしれない」가 의미상・문법상 차이를 보이는 경우가 있기 때문이다. 그러나 이 문장에서는 「かもしれない」와 「かしれない」가 거의 같은 뜻으로 쓰인다. 의미는 똑같이 「독단적인 추측」이다. 「내 느낌이어서 장담할 수 없지만 비가 올지 모른다」라는 의미이다.
요컨대 네 개 문장은 두 종류로 나뉜다.

① かもしれない ④ かしれない	• ~할지도 모른다(안 할지도 모른다). • 독단적 추측. • 50% 가능성. • 대개 ひらがな로 씀.
② か(どうか)知らない ③ か(どうか)わからない	• 의문문＋知らない・わからない • か: 의문사 있음. • かどうか: 의문사 없음. • 「모르다」에 중점. • 추측이 아님.

각각 때로는 ひらがな 하나 차이인 경우도 있으나 전부 구조나 의미 차이가 있으므로 혼동하지 말 것.

2 누가 올지 모른다.
→ ① 誰 **か** 来るかもしれない。
　　　が(×)

「かもしれない」는 의문사와 동시에 쓸 수 없다. 「誰が」는 의문사이므로 부정형(不定形) 「誰か」로 바꿔야 한다. 부정형(不定形)에는 부정형(否定形)과 달리 확실하지 못한 일이나 특정하지 않은 경우에 붙는 조사 「か」를 쓴다. 한국어 「～ㄴ가」에 해당하나 한국어에서는 「～ㄴ가」를 생략하고 의문형과 같은 형태로 쓰기도 하기 때문에 두 가지 표현을 구별하지 않는 사람이 종종 있다. 예를 들면,

의문	부정(不定)
어제 누가 왔어요? → 昨日誰が来ました<u>か</u>。	어제 누가(=**누군가**) 왔어요? → 昨日誰<u>か</u>来ましたか。
어디 갔어요? → どこへ行きました<u>か</u>。	어디(=**어딘가**) 갔어요? → どこ<u>か</u>へ行きましたか。

와 같은 문장에서 일본어 「か」는 생략할 수 없다는 점에 주의를 해야 한다.

그런데 문제 문장은,

• 누가 올지 모른다.

= **누군가** 올지 모른다.

와 같이 바꿔 쓸 수도 있는 문장이므로 부정형(不定形)의 「か」
를 꼭 붙여야 문법에 맞는다. 뜻은 「누군지 모르지만 사람이 올
지 모른다, 장담할 수 없지만」이다.

누가 올지 모른다.
→ ② 誰が来るか知らない。

📝 문제 1의 ② 해설에서 보았듯이 「모른다」에 중점이 있는
문장이므로 「知らない」를 선택한 표현이다. 「知る」는 「지
식」이므로 「정보가 없다」「못 들었다」라는 뉘앙스를 포함하여
「누가 올 것인지 나는 못 들었다, 그래서 모른다」는 뜻이 된다.
상황을 상상하면 파티에 왔는데 거기에서 「오늘은 누가 오시나
요?」라고 질문을 받았다. 그러나 나는 참석자가 누군지 주최자
에게 듣지 않아 정보가 없어서 「지식」으로 모르기 때문에

• さあ、どなたがいらっしゃる**か知りません**。

이라고 대답하는 경우에 쓰는 말이다.

누가 올지 모른다.
→ ③ 誰が来るかわからない。

📝 문제 1의 ③ 해설에서 보았듯이 「모른다」에 중점이 있는
표현으로 이번에는 「わからない」를 선택한 문장이다. 「知
る」와 달리 「わかる」는 「판단」의 뜻을 가지므로 「わからない」
는 「판단할 수 없다」는 뉘앙스를 가진다. 다음과 같은 경우를 생
각할 수 있다. 파티에 왔는데 사람들이 아직 모이지 않았다. 거
기서 어떤 사람이 「오늘은 누가 오십니까?」라고 물었으나 어제

친구들의 대답이 「갈 수 있으면 간다」「안 바쁘면 간다」등 말이 확실하지 않아 「누구누구가 온다」고 「판단」할 수 없었다. 그래서

- さあ、どなたがいらっしゃる**かわかりません**。

이라고 대답하는 것이다. ②의 「知る」를 사용한 문장과 서로 비교해 보자.

누가 올지 모른다.
→ ④ 誰が来るかしれない。

이 문장이 포인트이다. 문제 1의 ④에서는 「か**も**しれない」와 「かしれない」가 같은 뜻이라고 설명했다. 그러나 이와 같이 의문사가 있는 문장에서는 「か**も**しれない」를 쓸 수 없는데 비해 「かしれない」는 가능하다. 실은 「かしれない」는 「かわからない」(③문장)에다 **위험성을 첨가한 표현**이다. 위험성을 느껴 **걱정**하는 경우에 쓴다. 그래서 뒤에 「～しなさい」「～した方がいい」등의 조언이 따르는 예도 많다. 예를 들면, 파티를 가는데 옷을 고르고 있었다. 거기에 어머니가 들어와 「혹시 신랑감이 될 남자가 올지도 모르고 어디 높은 사람이 올지도 모르니 예쁜 옷을 입어라」하며

- 誰が来る**か知れない**からきちんとした服を着なさい。

라고 하는 경우에 쓴다. 「어떤 참석자가 오느냐」가 위험하고 걱정이 되는 것이다. 여기에 「か**も**しれない」는 쓸 수 없다.

3 저녁은 어디서 먹을지 모른다.
→ ① 夕食は **どこかで** 食べるかもしれない。
   どこで(×)

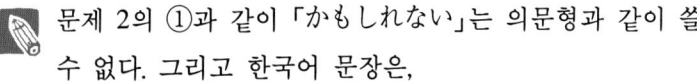 문제 2의 ①과 같이 「かもしれない」는 의문형과 같이 쓸
수 없다. 그리고 한국어 문장은,

• 저녁은 어디서(=어딘가에서) 먹을지 모른다.

와 같이 ( ) 안의 표현으로 바꿔 쓸 수 있어 「〜ㄴ가」에 해당
하는 「か」를 꼭 붙이도록 해야 한다. 상황은 다음과 같을 것이다.
딸이 외출하니까 어머니가 「저녁은 집에서 먹을 거니?」라고 물
었다. 딸의 대답이 「혹시 먹고 오게 될지도 모르니까 준비는 안
하셔도 되요」라고 하는 경우이다.

저녁은 어디서 먹을지 모른다.
→ ② 夕食はどこで食べるか知らない。

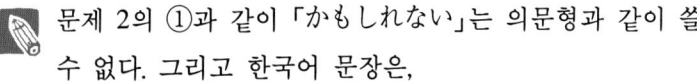 이 문제의 형태는 앞(문제 1의 ②, 문제 2의 ②해설)에서도
살펴보았듯이 「知らない」는 「못 들었다」의 의미이다. 다음
과 같은 경우를 생각할 수 있다.
단체 여행을 갔는데 저녁을 먹는 장소가 어딘지 안내원에게 물
어 보지 않았고 또 예정표에도 없어서 「지식이 없다」는 상황에
서 옆 사람이 「저녁은 어디서 먹죠?」 하고 물어 보면

• さあ、夕食はどこで食べる**か知りません**。

이라고 「知らない」를 사용하여 대답하며, 다음 ③의 「わからな
い」와는 뉘앙스 차이가 있다.

저녁은 어디서 먹을지 모른다.
→ ③ 夕食はどこで食べるかわからない。

🖐 이것도 문제 1의 ③, 문제 2의 ③ 해설에 이어 「わかる」에 대한 세 번째 문제이다. 「わからない」는 「판단할 수 없다」는 의미이므로 이런 상황을 상상해 볼 수 있다. 어떤 여행사가 「미스테리 투어」라고 해서 손님에게 목적지를 알리지 않고 스릴을 느끼게 하는 단체 여행을 기획했다. 손님은 서로 궁금해하며 이런 이야기를 할 것이다. 「점심도 신기한 데에서 먹었고 숙소도 희귀한 데라고 하니 저녁도 뜻밖의 장소에서 먹겠지요」 「어디서 먹게 될지 예상을 할 수가 없네요」. 물론 이런 경우에 「わからない」 대신에 「知らない」를 쓰지 않는 것은 의미상의 차이점 때문이다.

저녁은 어디서 먹을지 모른다.
→ ④ 夕食はどこで食べるかしれない。

🖐 문제 2의 해설 ④에서 살펴보았듯이 「かしれない」는 「かわからない」에 위험성을 첨가한 표현이다. 그러면 이 문장으로는 다음과 같은 상황을 상상할 수 있다.
남자가 첫데이트를 가는데 상대 여성이 무엇을 좋아하는지 아직 모른다. 저녁을 같이 먹을 경우 설렁탕집이 좋다고 하면 좋겠으나 비싼 양식을 먹자고 할지 모른다. 그러면 남자는 이렇게 생각한다.

• 夕食はどこで食べる<u>かしれない</u>から、お金を余分に持って行こう。

「비싼 데에 갈지 모른다」가 위험하고 걱정스럽다. 그리고 물론 「か もしれない」는 쓸 수 없다. 역시 「かもしれない」와 「かしれない」는 다른 표현이다. 같이 쓸 수 있는 것은 의문사가 없는 문제 1과 같은 경우뿐이다.

4 얼마나 눈물을 흘렸는지 모른다오.
→ ① どんなに涙を流したかもしれない。(×)

이 문장은 노래 가사의 일부인데 문법적으로는 불가능한 문장이다. 문제 2, 3과 비슷해 보이지만 이것은 의문문이 아니라 반어법(反語法)의 문장 즉, 의문 형태를 빌린 강조문이다. 「얼마나」는 눈물의 양을 묻는 말이 아니라 「눈물의 양을 모를 정도로 그만큼 많이 울었다」는 뜻이 된다. 이런 **반어법 문장**에 「**추측**」의 「かもしれない」는 당연히 쓸 수 **없다**.

얼마나 눈물을 흘렸는지 모른다오.
→ ② どんなに涙を流したか知らない。(△)

이것은 한국어 원문의 반어법의 뜻이 아니라 「모른다」에 중점이 있는 일본어가 되고 만다. 즉, 「못 들었다」는 뉘앙스로 「그 사람이 얼마 만큼 울었는지 나는 듣지도 보지도 못했으니 눈물의 양을 말할 정보가 없다」는 뜻이다.

얼마나 눈물을 흘렸는지 모른다오.
→ ③ どんなに涙を流したかわからない。

📝 「わからない」는 「판단할 수 없다」이다. 이 경우 「얼마나 많이 울었는지 판단할 수 없다」즉,「그만큼 많이 울었다」는 뜻이 되어 원문의 반어법을 그대로 표현할 수 있다. 반어법에는 「わからない」가 정답이다.

얼마나 눈물을 흘렸는지 모른다오.
→ ④ どんなに涙を流したかしれない。

📝 그리고 「かしれない」도 반어법에 써서 ③의 「わからない」와 같은 뜻을 나타낼 수 있다.
요컨대 「かしれない」는 세 가지 있다.
1. 의문사가 없는 문장 : 「かもしれない」와 같다.
2. 의문사가 있는 문장 : 「かわからない」+ 위험성·걱정
3. 의문사가 있어도 반어법의 문장 : 「かわからない」와 같다.

5 현재 도쿄～하카타 사이를 운행하고 있는 「노조미」호는 결함투성이라 언제 큰 사고가 날지 모른다.
→ 現在東京～博多間を運行している「のぞみ」号は欠陥だらけで、
① いつ大事故が起きるかもしれない。(×)

📝 문제 2의 ① 해설에서 보았듯이 「いつ」라는 의문사는 「かもしれない」와는 동시에 쓸 수 없다. 만약 「かもしれない」를 쓰는 경우, 부정형(不定形) 「～ㄴ지」에 해당하는 「か」를 덧붙여 「いつか」라고 고쳐야 한다. 의미는 「언제라는 날짜를 확실히 말할 수는 없으나 언젠가 사고는 날 것이다」가 된다.

〜 언제 큰 사고가 날지 모른다.
→ 〜 ② いつ大事故が起きるか知らない。(△)

문법적으로는 옳은 문장이다. 「사고가 날 날짜를 정보가 없어서 몰랐다」「듣지 못했다」라는 뜻이므로 게릴라가 그 두목에게 사고를 낼 예정을 아직 듣지 않은 경우라면 이런 문장도 가능할 것이다.

〜 언제 큰 사고가 날지 모른다.
→ 〜 ③ いつ大事故が起きるかわからない。(○)

「わからない」는 「판단할 수 없다」「예상할 수 없다」라는 뜻이므로 원문에 딱 맞는 일본어다.

〜 언제 큰 사고가 날지 모른다.
→ 〜 ④ いつ大事故が起きるかしれない。(◎)

의문사가 있는 문장의 「かしれない」는 「かわからない」에 위험성・걱정을 첨가한 표현이었다. 그러니까 원문에 가장 잘 맞는 일본어는 「かしれない」를 쓴 이 문장일 것이다. 이 문장은 실제 신문 기사인데 뒷부분에는 「따라서 곧바로 운행을 중지하라」는 주장이 있었다. 바로 위험성・걱정에 충고문이 따르는 예문이다. 이러한 경우 「ともしれない」라고 하기도 하는데 물론 「かもしれない」는 쓸 수 없다.

1. 원래 문장에 유의하여
   - 의문사가 있는 문장 + 「か」
   - 의문사가 없는 문장 + 「かどうか」
   를 구별할 것. 특히 「かどうか」의 「どうか」를 빠뜨리는 오류가 많다.

2. 「〜ㄹ지 모른다」는 네 가지 가능성이 있으나 각각의 의미 · 용법이 다르므로 이것들을 분명히 구별할 것.
   ① かもしれない
      a. 50% : 50%의 가능성인 **추측**
      b. 의문형과 동시에 쓸 수 없다.
         *부정형(不定形)「か」를 붙이면 가능함
      c. 반어법에 쓸 수 없다.
   ② か(どうか)知らない
      a. 「지식이 없다」「정보가 없다」「못 들었다」
      b. 반어법의 용법이 없다.
   ③ か(どうか)わからない
      a. 「판단할 수 없다」「예상할 수 없다」「아직 결정하지 않았다」
      b. 반어법의 용법이 있다.
   ④ かしれない
      a. 의문사가 없는 문장 「かもしれない」와 같다.
      b. 의문사가 있는 문장 「かわからない」+ 위험성 · 걱정
         * 뒤에 충고문이 따르는 경우가 많다.

c. 의문사가 반어법을 나타내는 문장 「かわからない」와 같다.

이와 같이 네 가지 표현은 각각 서로 많이 비슷하고, 한국어로 「～ㄹ 지 모른다」 하나만으로도 표현이 가능하기 때문에 한국인 학습자가 구별하기 힘든 것들이다. 특히 「かもしれない」로 해야 맞는 문장을 「も」를 빼고 「かしれない」로 하거나, 「しれない」를 「しらない」로 바꿔 버리는 오류가 많다. 그들에게는 「も」의 유무나 「れ」와 「ら」의 차이가 그렇게 크리라고는 상상이 안 되어서 그럴 것이다. 그러나 사 실은 용법도 의미도 다르고 일본인들은 분명히 네 가지를 구별해서 쓰거나 상대의 말을 듣고 있는 이상, 오류는 ひらがな 하나만의 오류 로 그칠 수 없다. 앞으로 신경을 더 써서 공부하기 바란다.

나음 한국어 문장은 일본어로, 일본어 문장은 한국어로 옮기시오.

1. 내가 말한 대로였지?

   ◎

2. 지금쯤 학교에 도착했을 거예요.

   ◎

3. 부모님도 기뻐하시겠어요.

   ◎

4. 그것은 학생 것이겠지요.

   ◎

5. PKO法案に照らして見ても日本は武力を行使するPKFには参加でき
   ないだろう。

   ◎

정답과 해설

「だろう」「でしょう」는 확인과 추측이라는 두 가지 뜻이 있는데 그
구별은 문장 끝을 올리느냐 내리느냐에 따라 다르다. 한국어에서는 더

많은 유형이 있는데 대강 어느 것이 대응되는가 다음 표로 확인하자.

한국어	일본어	문장 끝	뜻
〜지	でしょう (약간 공손한 말씨)	↗	확인
〜ㄹ 것이다	だろう	↘	추측
〜겠	(반말·문장체)	↘	추측
〜겠지	でしょ・だろ (회화체)	↗	추측+「잘 모르나」

단 한국어의 공손함을 나타내는 「〜습니까」「〜요」 등에 대해서는 편의상 여기서 생략했다. 그러면 이제 이 대응 관계를 예문을 보면서 자세히 살펴보기로 하자.

1 내가 말한 대로였지?
→ 私が言った通りだった **でしょう**？（↗）
だろう？（↗）（○）

여기서 「지」는 「확인」의 뜻이며, 일본어 「だろう」「でしょう」에 해당한다. （ ） 안에 보인 바와 같이 문장 끝을 **올려서** 추측과 구별한다. 또 「でしょう」는 **여성 회화체**, 「だろう」는 **남성 회화체**이므로 자신의 성에 따라 쓰고 이성의 표현은 쓰지 말도록 해야 한다. 그러나 「**확인**」의 「でしょう」「だろう」는 **반말**이다. 「でしょう」가 「だろう」보다 약간 공손하기는 하나 완전히 공손하지는 못하다. 일본어 교본에 흔히 「でしょう」는 「だろう」의 공손한 말(丁寧語)이라고 되어 있으나 실제로는 아니다. 「확인」의 「でしょう」는 그대로 윗사람이나 손님·친하지 않은

사람에게 쓰면 실례가 되는데, 그것을 모르고 상사나 선생님께

• 明日いらっしゃるでしょう？（↗）

라고 묻는 학습자가 아주 많다. 물론 친한 사이라면 괜찮지만, 공식적인 자리에서 윗사람에게 확인을 하려면,「でしょう」리고민 하면 실례가 되므로「～ますでしょうか」라는 질문 형식으로 확인하는 것이 바람직하다.

• 明日いらっしゃいますでしょうか？（↘）

이 때 문장 끝은 내린다.

2

> 지금쯤 학교에 도착했을 거예요.
> → 今頃学校に着いている **でしょう。**（↘）
> だろう（↘）（○）

「～ㄹ 것이다」는 **추측**으로 이것도 일본어에서는「でしょう」「だろう」에 해당한다.「확인」과 차이가 있는 것은 **문장 끝은 내린다**는 것이다. 그리고「だろう」보다 약간 공손한 말씨가「でしょう」이지만, 역시 여성은 회화에서「だろう」는 쓸 수 없다.

그런데 교과서적으로 말하면 이것으로도 충분하지만 실제 운용면에서는 이것만으로는 불충분하다.「～ㄹ 것이다」＝「でしょう」「だろう」가 아니기 때문이다.「でしょう」「だろう」는 **일기 예보나 실험 결과의 예측, 점치는 것과 같은 객관적인 예상**에는 쓸 수 있지만, 문제 문장과 같은 **주관적인 추측**에는「(だろう)と思う」라고 하는 것이 보통이다. 그 구별을 하지 않고「～ㄹ 것이다」＝「でしょう」「だろう」로만 알고 있으면 이와 같은 어색한 표현을 하기 쉽다.

- 나도 아마 **갈 거예요.**
  → ① 私も多分行く<u>でしょう</u>。(×) (점에 의한 예상?)
  ② 私も多分行く<u>と思います</u>。(O) (확실하지 않으나)

어떤 객관적인 자료를 가지고 예상하는 것은 「でしょう」「だろう」, 「아직 확실하지 않으나 아마」「장담할 수 없지만 아마」라는 표현은 「(だろう)と思う」이다. 이 예문도 자기 자신에 관한 일이기 때문에 객관적인 예상의 「でしょう」「だろう」보다는「확실하지 않지만 아마」라는 의미의 「(だろう)と思う」쪽이 맞는다.

그런데 여기서 주의해야 하는 것은 한국어 「〜라고 생각하다」와 달리「と思う」는 오히려 자기 주장을 약화시키는 부드러운 **표현**이라는 점이다. 「나는 그렇게 생각하지만 그것은 확실한 것도 아니고 당신이 다른 의견을 갖고 있을지 모른다」는 뉘앙스이다. 예를 들면,

- ① 4番の馬が勝つ<u>だろう</u>。
- ② 4番の馬が勝つ<u>と思う</u>。

의 경우, ①「だろう」를 쓴 것은 경마 예상을 하고 돈을 버는 사람이 여러 가지 자료를 모은 결과 객관적으로 예상하는 문장일 것이다. ②「と思う」는 그런 객관적인 자료는 없고 그냥 느낌으로 예상하는 것이다.

문제 문장으로 돌아가, 어머니가 딸의 친구로부터 전화를 받았다고 하자. 딸이 학교에 갔냐는 질문을 받고 어머니가 대답하는 것도 어떤 객관적인 자료(딸이 몇 미터를 몇 분에 걷는다, 오늘 딸의 체력이 어떻다, 교통 체증이 어떻다는 등) 없이 그저 주관적으로 예상하기 때문에, 「でしょう」「だろう」라고 하면 어색하다. 이 경우「と思う」를 사용하여

• 今頃学校に着いている<u>と思う</u>わ。

라고 할 것이다.

3　부모님도 기뻐하시겠어요.
→ <u>ご両親</u>　もお喜びになるでしょう。(↘)
ご父母(×)

🖊　「겠」도 「추측」으로 「でしょう」「だろう」에 해당하며 문장 끝은 내린다. 또 「だろう」보다 「でしょう」가 공손하지만, 여성은 회화에서 「だろう」는 쓸 수 없다. (「だろうと思う」는 OK이다)
문제 문장의 경우, 문제 2와 달리 어떤 자료(시험 합격 등)를 가지고 객관적인 추측을 하므로 「でしょう」도 가능하다.

4　그것은 학생 것이겠지요.
→ それは学生(さん)のでしょ。(↗)

🖊　마지막으로 같은 「추측」이라 해도 「でしょ」「だろ」와 같이 「う」를 생략한 형태로 문장 끝을 올리는 말은 회화체에서만 쓰인다. 뉘앙스가 「나는 잘 몰라요」「나는 상관없어요」라는 의미를 첨가한 가벼운 표현이라는 것에 주의하자. 따라서 윗사람에게는 쓸 수 없다.

5 PKO法案に照らして見ても日本は武力を行使するPKFには参加できないだろう。

→ PKO 법안에 비추어 보더라도 일본은 무력을 행사하는 PKF에는 참가할 수 없을 것이다.

원문 「だろう」는 **문장체**이고 뜻은 「추측」이다. 앞에 보인 대응표에 따르면 추측에는 세 가지 종류가 있다. 어느 것이 적당할까?

우선 문제 4의 해설에서 설명한 「겠지」는 신문 등의 딱딱한 문장체에는 어울리지 않는다. 「겠」은 일본어 「と思う」와 비슷해 장담을 피하는 부드러운 표현으로 말하는 이의 주관을 나타내므로 「だろう」에는 어울리지 않는다. 따라서 객관적 근거를 가지고 예상하는 추측의 「だろう」는 역시 「～ㄹ 것이다」가 맞는다.

1. 「でしょう」가 공손한 표현이라고 잘못 알고 있는 경우가 있다. 「확인」의 「でしょう」는 결코 공손한 표현이 아니므로 윗사람에게 쓰면 실례가 된다. 「～ますか」「～ますでしょうか」라고 묻는 것이 바람직하다.

2. 남녀의 구별을 확실히 하자. 특히 여성은 회화에서 「だろう」 단독으로 쓸 수 없다.

3. 「でしょう」「だろう」와 「と思う」에 객관·주관의 차이가 있어 한
   국어 「～ㄹ 것이다」「～겠」과 비슷하기는 하나 완전히 대응되지
   않으므로 주의하기 바란다.

   • 「でしょう」「だろう」 근거를 밎고 객관적으로 예상.

   • 「(だろう)と思う」 … 근거는 없어도 되는 주관적 예상. 「장담할
     수 없지만 아마」라는 뉘앙스. 한국어 「～라고 생각하다」와 달리
     자기 주장을 약화시키는 부드러운 표현이다.

 **ところで・ところが・さて・それなのに 他 / 그런데**

다음 한국어 문장을 일본어로 옮기시오.

1. A「안녕하세요. 감기 다 나으셨어요?」
   ⊙

   B「네, 덕분에 많이 나아졌습니다.」
   ⊙

   A「그런데 따님은 대학을 어디로 가십니까?」
   ⊙

2. 옛날 옛적 어느 마을에 할아버지와 할머니가 살고 있었습니다. 할아버지는 산에 섶나무를 베러 가서 지게에 듬뿍 섶나무를 열심히 베었습니다. 그런데 한편 할머니는 시냇가로 빨래를 하러 나갔습니다. 그러자 시내 저쪽에서 크나큰 복숭아가 흘러왔습니다.
   ⊙

   참고! 섶나무를 베다 芝を刈る   지게 背負子
   　　　듬뿍 いっぱい、どっさり   시냇가 小川のほとり

3. A는 시속 3km로 걷고 있습니다. B가 30분 후에 자전거로 시속 8km로 좇아갔습니다. 그럼 B가 A를 따라잡는 것은 출발점으로부터 몇 km 지점일까요?
   ⊙

4. 야마다 군, 논문 준비는 잘 되어 가나? 초고를 슬슬 내야 되겠군. 그런데 중간 시험은 어땠나?

   ○

5. 그 여자는 미인이다. 그런데 마음씨가 좋지 않다.

   ○

6. 그 여자는 예쁘지요? 그런데 성격이 나쁘거든요.

   ○

7. 아침에 여느 때처럼 집을 나왔다. 그런데 바로 그 후에 긴급 전화가 걸려 왔나 보다.

   ○

8. 그 사람은 한국 사람이래요. 그런데 한국말을 못한대요. 부모가 교육을 잘못 시킨 것이지요.

   ○

9. A「일본에 온 지 3개월입니다.」

   ○

   B「어머! 그런데 일본말을 잘하시네요!」

   ○

10. 시험은 내일입니다. 그런데 아직도 공부 안 했습니까?

    ○

정답과 해설

한국어 「그런데」는 아주 폭넓은 접속사로 회화에서나 문장에서나 자주 쓰인다. 그만큼 의미 영역이 넓다는 것인데, 「그런데」를 일본어로 옮길 때는 단 하나의 접속사로는 불충분하다. 그래서 접속사 중에서 선택하여 써야 하는데 그렇지 않은 문장은 너무 단조롭고 문맥에 따라서는 오류를 일으키기도 한다. 특히 고급 수준의 학습자는 작문 교육이 필요한데 문장의 접속에 문제가 있는 경우가 많다. 그 원인의 하나인 「그런데」의 활용에 대해 살펴보자.

1　A 「안녕하세요. 감기 다 나으셨어요?」
　　→「こんにちは。お風邪は　**よくなりましたか。**」
　　　　　　　　　　　　　　もうよろしいんですか(o)

　　B 「네, 덕분에 많이 나아졌습니다.」
　　→「ええ。おかげさまでずいぶんよくなりました。」

　　A 「그런데 따님은 대학을 어디로 가십니까?」
　　→「**ところで、**お嬢さんは大学は　**どちら**　に
　　　　さて(×)　　　　　　　　　　どこ(o)

　　　行かれますか。」
　　　いらっしゃいますか(o)

우선 「화제 전환」의 「그런데」이다. 일본어는 「ところで」 「さて」 「ときに」 등이 있는데, 이 중에서 「ところで」를 선택했다. 「ところで」는 전혀 관련성이 없는 이야기로 화제를 돌릴 때 사용하는데 문장의 흐름이 완전히 끊어진다. 문제 문장에서도 처음에 건강 상태를 묻고 다음에 딸 이야기로 전환시켰으므로 전혀 관련없는 이야기라고 할 수 있다.

2

옛날 옛적 어느 마을에 할아버지와 할머니가 살고 있었습니다. 할아버지는 산에 섶나무를 베러 가서 지게에 듬뿍 섶나무를 열심히 베었습니다. 그런데 한편 할머니는 시냇가로 빨래를 하러 나갔습니다. 그러자 시내 저쪽에서 크나큰 복숭아가 흘러왔습니다.

→ むかしむかしある村におじいさんとおばあさんが住んでいました。おじいさんは山へ芝刈りに行き、背負子にいっぱい芝を一生懸命刈りました。**さて**　　一方おばあさんは
　　　　　　　　　　　　　　　　　ところで(△)

小川へ洗濯に出かけていました。すると川のむこうから大きな桃が流れてきました。

또한 「화제 전환」의 「그런데」에는 「さて」가 있다. 「さて」는 전자에 관한 이야기는 일단 끝내고 「한편」이라는 경우에 쓰며, **문장의 흐름은 이어진다.** 문제 문장에서는 우선 할아버지 이야기를 하고 그 다음에 미리 소개해 놓은 또 하나의 등장인물인 할머니 이야기로 전환시켰으므로 「さて」를 사용했다. 물론 할아버지와 할머니 이야기가 전혀 관련이 없다고 생각하여 「ところで」를 쓸 수도 있다. 그런데 여기서는 맨 처음에 할아버지 할머니를 동시에 소개해 놓고 그 다음에 한 사람씩 화제로 삼는 장면이므로 문장의 흐름이 끊기지 않는 「さて」를 쓰는 것이 더 좋다.

3 A는 시속 3km로 걷고 있습니다. B가 30분 후에 자전거로 시속 8km로 좇아갔습니다. 그럼 B가 A를 따라잡는 것은 출발점으로부터 몇 km 지점일까요?

→ Aは時速3キロで歩いています。Bが30分後に自転車で時速8キロで追いかけました。 **さて**　　BがAに追いつくのは
ところで(×)

出発点から何キロの所ですか。

산수・수학 문제에는 「さて」를 사용한다. 앞에 말한 것을 전제로 문제를 내기 때문에 문장의 흐름이 끊어지는 「ところで」는 틀린다.

4 야마다 군, 논문 준비는 잘 되어 가나? 초고를 슬슬 내야 되겠군. 그런데 중간 시험은 어땠나?

→ 山田君、論文の準備はうまくいっているかね。下書きをそろそろ出さないといけないな。 **ときに**　　中間試験はど
ところで(○)
さて(○)

うだったかね？

「ときに」는 「ところで」와 같은 뜻으로, 전혀 무관한 이야기로 전환시킬 때 쓴다. 그러나 어감이 낡고 주로 중년 남자가 회화에서 쓰는 말이다.
그런데 「さて」와 「ところで」를 비교해 볼 때 또 하나의 중요한 차이점은, 「さて」는 「서론이 끝나고 이제 **본론에 들어간다**」고

표시하는 것이다. 예를 들면

- いつも○○デパートをご利用いただき真にありがとうございます。<u>さて</u>先日ご注文いただきました商品が入荷いたしました。価格は八千円プラス消費税となります。ご来店をお待ちいたしております。

와 같이 「さて」 다음에 본론이 온다. 그래서 「さて」는

- <u>さて</u>勉強するとするか。

와 같이 「자・그럼」의 뜻으로 쓰이기도 한다. 이러한 기능은 「ところで」에는 없다.

---

5 그 여자는 미인이다. 그런데 마음씨가 좋지 않다.
→ 彼女は美人だ。<u>だが</u>　気立てが良くない。
　　しかし(○)

다음은 「역접」의 「그런데」이다. 「그러나」에 해당하는 「しかし」로 대치할 수 있는데, 역접의 「그런데」에는 주로 「だが」「でも」「けれども」「ところが」 등이 있다.
우선 여기서는 「だが」를 썼다. 「だが」는 **문장체**, 혹은 **남성이 회화체에서 쓰는 표현**이다. 여성이 회화에서 쓰면 이상하므로 여성은 주의할 것.

---

6 그 여자는 예쁘지요? 그런데 성격이 나쁘거든요.
→ 彼女はきれいでしょう？　<u>でも</u>　性格が悪いんですよ。
　　だが(×)
　　しかし(×)

けれども、けれど、けど、だけれ
ども、だけれど、だけど(○)

🖉 문제 5와 내용은 같아도 **여성의 회화에는**「だが」「しかし」
는 쓸 수 없다.「だが」「しかし」에 대한 여성의 표현은「で
も」인데, 남녀의 구별이 거의 없는 한국인 학습자는 이런 점에
소홀히 하기 쉽다. 남녀의 구별이 말에서도 점점 없어지고 있지
만 그래도 아직 많이 남아 있다. 그 중의 하나가 접속사「だが」
「しかし」이다. 연설과 같이 문장체에 가까운 경우라면 몰라도 보
통 회화에서 쓰면 이상하다.

그리고「けれども」는 남녀의 구별없이 아무나 쓸 수 있지만 이
것에 관해서는 회화체와 문장체의 구별을 할 수 없는 오류가 많
이 발생하므로 주의를 요한다. 밑에 그 구별을 단계적으로 제시
한다.

회화적 ◄───────────────► 문장적
けど　　　　　　けれど　　　　　けれども
だけど　　　　　だけれど　　　　だけれども

요컨대 기본형이「けれども」이므로 생략형일수록 회화적인 표
현이라고 할 수 있다. 아무쪼록 작문・논문・서류 등에는「けど」
「だけど」라고 하지 말 것.

7 아침에 여느 때처럼 집을 나왔다. 그런데 바로 그 후에 긴급
전화가 걸려 왔나 보다.
→ 朝いつものように家を出た。ところがそのすぐ後に緊急の
電話がかかってきたらしい。

✏️ 「ところが」는 예상 밖이나 예상과 다른 경우에 쓰는 접속
사다. 「ところで」와 한 글자밖에 차이가 나지 않지만 뜻
이 다르다. 정확히 말하면 「역접」보다 「예상 밖」에 중점이 있
다

• いい妻になるだろうと思って結婚した。**ところが**、料理は
下手、掃除は嫌い、洗濯は苦手と、全く家事がだめだった
のだ。

와 같이 「뜻밖이다」라는 뉘앙스가 나타나 있다.

8   그 사람은 한국 사람이래요. 그런데 한국말을 못한대요. 부모
가 교육을 잘못 시킨 것이지요.
→ 彼は韓国人だそうです。それなのに韓国語が話せないのだ
そうです。親は教育をまちがえたんですね。

✏️ 「それなのに」는 「그런데도」에 해당하며 비난·놀라움 등
의 감정을 포함한 표현이다. 여기서 뒤에 따르는 문장(부모
가 교육을 잘못시켰다)에서 판단할 수 있듯이 비난하는 문장이므
로 「それなのに」라고 했다.
만약 여기서 「だけど」등 「けれども」계열을 쓴다면 단순한 역
접이므로 비난하려는 마음은 없는 것이다.
또한 「ところが」라면 「예상 밖」이라는 뉘앙스는 있어도 비난하
는 것은 아니다.
이처럼 접속사 하나로도 말하는 이의 마음을 알 수 있다.

9　A 「일본에 온 지 3개월입니다.」

→ 「日本に来て3ヶ月です。」

B 「어머! 그런데 일본말을 잘하시네요!」

→ 「あら、<u>それなのに</u>日本語がお上手ですね！」

「それなのに」는 위에서처럼 「놀라움」을 나타내기도 한다. 이런 경우는 비난이 아니고 긍정적인 표현이다.

10　시험은 내일입니다. 그런데 아직도 공부 안 했습니까?

→ 試験は明日ですよ。**それなのに**　まだ勉強を
　　けれども(×)
　　ところが(×)

していないん　ですか。
しなかった(×)

우선 「아직＋과거형」은 「まだ＋～ていない」라고 했는지 확인하자. 이에 대해서는 **문법편 제5장**의 문제 3을 참조할 것.

문제 8과 다른 점은 뒷문장에 「?」가 있다는 점이나 이것은 「의문」이 아니다. **의문형을 빌린 비난**이다. 이런 경우에 「비난」의 「それなのに」가 적당하다는 것은 쉽게 알 수 있을 것이다.

그런데 의문문이 따르는 경우 「けれども」「ところが」의 사용이 제한되는데 예문을 들어 확인하자.

우선 「けれども」가 가능한 의문문은 「**단순 접속**」의 의문문뿐이다.

- 専門外^{せんもんがい}なのでよくわかりません**けれども**この研究^{けんきゅう}はどんな意義^{いぎ}があるのですか。

와 같은 문장은 앞문장(전문이 아니어서 잘 모르겠다)과 뒷문장 (연구의 의의는 무엇인가)이 반대가 되는 것은 아니고 단순히 문 장을 잇는 「단순 접속」이기 때문에 「けれども」는 쓸 수 있다. 한편 「예상 밖」이라는 뉘앙스의 「ところが」는 단순 접속이 없 고 역접뿐이라 뒤에 어떠한 의문문도 올 수 없다. 예를 들면,

- 父^{ちち}も母^{はは}も一流大学出^{いちりゅうだいがくで}です。**ところが**なぜ私は勉強ができないのですか。 (×)

와 같이 뒤에 의문문이 따르기 때문에 「ところが」는 사용할 수 없다. 만약,

- 父も母も一流大学出です。**ところが**私は勉強ができ**ません**。

과 같은 평서문이라면 「ところが」가 가능하다. 의문문이 따른다 면, 「それなのに」로 바꿔서

- 父も母も一流大学出です。**それなのに**なぜ私は勉強ができないのですか。

라고 하면 된다.

한국어 「그런데」는 의미 영역이 넓으므로 문장의 뜻에 따라 일본어 접속사를 선택할 것.

1. 화제 전환 「그런데」

　① ところで　•전혀 관련성이 없는 화제로 돌린다.

　　　　　　　　• 문장 흐름이 끊어진다.
② さて　　•「전자에 관한 이야기는 **일단** 끝나고 **한편**…」이라는
　　　　　　　뜻.
　　　　　　　• 문장 흐름이 계속되고 있다.
　　　　　　　•「서론이 끝나고 본론에 들어간다」는 뜻도 있어서, 「자,
　　　　　　　이제」라는 뜻이 되기도 한다.
③ ときに　　•「ところで」와 같다.
　　　　　　　• 중년 남자의 회화체.

2. 「역접」의 「그런데」
　　① だが　• 문장체, 혹은 남성 회화체.
　　　　　　　• 여성은 회화에서 쓰지 말 것.
　　② でも　• 남녀 모두 회화에서 쓴다.
　　③ けれども・だけれども　• 문장체
　　　　けれど・だけれど　• 중간적
　　　　けど・だけど　• 회화체
　　　　　　　　• 문장에서 쓰지 말 것.

3. 「감정」을 포함한 「그런데」
　　① ところが　• 예상 밖
　　　　　　　•「예상과 다르다・예상을 넘었다」는 뜻.
　　　　　　　• 뒤에 의문문이 올 수 없다.
　　② それなのに　• 비난하거나 긍정적 놀라움을 나타낸다.
　　　　　　　　• 의문문이 올 수 있다.

여러 가지 접속사가 나왔다. 항상 「しかし」「けれども」만으로 문장
을 이어왔던 분들은 위와 같은 여러 가지 접속사들을 이용하여 일본

어를 구사하고 작문 실력을 높이기 바란다. 이 중에서 가장 중요한 점은 회화체와 문장체의 구별, 남성어와 여성어의 구별이다. 일상 회화에 「だが」를 쓰고 보고서에 「けど」를 쓴다든지, 여자가 회화에서 「だが」를 쓰는 오류(확실히 이들은 오류이다)를 범하기 쉬운 것은 한국어에서의 이런 구별보다 일본어에서의 구별이 더 엄밀하기 때문이다. 그리고 접속사 하나가 말하는 이의 마음까지 표현할 수 있다는 것도 의식하고 쓰기 바란다.

다음 한국어 문장을 일본어로 옮기시오.

1. 시험도 잘 못 보았고 실연도 당했다.
   ➡

2. 넓고 깨끗하고 양지 바른 집으로 이사를 가고 싶다.
   ➡

3. A「유미코와 히로미는 어디 갔어요?」
   ➡

   B「유미코는 학교에 갔고 히로미는 학원에 갔어요.」
   ➡

4. 오늘은 아침을 일찍 먹고 학교에 갔습니다.
   ➡

5. 앉아서 이야기합시다.
   ➡

6. 언어는 인간의 사고를 형성했고 한국어는 한국인의 사고를 형성했
   다.
   ➡

7. 그 사람은 고등학교까지 일본에서 다녀서 지금도 그 억양이 남아 있다.

    ⊙

8. 독신 생활을 즐기며 직장에서 경력을 쌓는 여성들이 늘고 있다.

    ⊙

9. 내 귀에는 「뻐스」로 들렸기 때문에 내 듣기 실력으로는 「버스」라고 해석할 수 없었다.

    ⊙

10. 「みず」란 발음도 제대로 한 것 같지 않았고 상대가 알아들은 것 같지도 않았다.

    ⊙

11. 그 음식을 도쿄에서는 「오뎅」이라고 부르고 오사카에서는 「간토다키(관동식 조림)」라고 부른다.

    ⊙

정답과 해설

일본어는 한국어에 비해 문장체와 회화체(일상어)의 차이가 큰 언어이다. 그리고 단어가 가진 부드러움이나 딱딱함에도 신경을 써야 한다. 일상 회화에 신문에서 쓰는 어휘를 쓰면 너무 딱딱하고, 또 연설이나 강연을 할 때 친구와의 대화에서 쓰는 어휘를 쓰면 내용이 아무리 훌

류하다 해도 제대로 평가를 받을 수 없을 것이다. 한국어도 「엄마」 「어머니」 「어머님」 「모친」 등등 여러 표현 중에서 상황에 따라 구별해서 쓰는 것과 마찬가지이다. 여기서는 문장과 문장을 잇는 「〜해서」 「〜하고」 「〜하며」와 일본어 「〜し〜し」 「〜して」 「〜し(중지법)」에 대해 살펴보는데 특히 「문장체인지 회화체인지」 「딱딱한지 부드러운지」에 관심을 갖고 해설을 읽어 나가기 바란다. 우선 아래에 보인 도표에서 세 개의 유형의 차이를 미리 염두에 두고 문제로 들어가자. 앞에 붙인 번호는 문제 번호로 즉 예문이 몇 번 문제에 해당하는가를 나타낸 것이다.

		회화체 ⟷ 문장체		
		감정이 나타남 ⟷ 객관적 서술		
		~し~し	~して	~し(중지법)
활용	五段	書くし	書いて	書き
	上一段	着るし	着て	着
	下一段	寝るし	寝て	寝
	サ変	するし	して	し
	カ変	来るし	来て	来
뜻		열거 ①⑧ ~も~し~も 게다가 ③⑪ ~は~し~は 한편	⑩단순 접속 (부드러움) ≒ ④순서 (부드러움) ≒ ⑦⑨ 원인・이유 (부드러움) ≒ ⑤수단・방법 ⑧동시 (부드러움)	⑥⑪단순 접속 (딱딱함) ④순서 (딱딱함) ⑦⑨ 원인・이유 (딱딱함) ≠ 수단・방법(×) ⑧동시 (딱딱함)

1 시험도 잘 못 보았고 실연도 당했다.
→ 試験も　**できなかった**　し失恋もした。
　　　　　よく見なかった(×)

이것은 「〜も〜し〜も」 문형의 전형이다. 「시험도 잘 못 본
데다가 실연도 당했다」는 「게다가」의 뜻을 포함한 표현으
로 아주 회화적이다. 문법적으로 말하면 「〜して」나 「〜し(중지
법)」를 쓸 수도 있는데 그 경우 다음 사항에 유의할 것.
우선 「〜して」를 쓰는 경우,

・試験も　**できなくて**　失恋もした。
　　　　　できなかって(×)

와 같이 일본 표준어에는 「〜して」에 대한 과거형은 없다. 따라
서 「〜하고」도 「〜했고」도 같은 형태인 「〜して」가 된다.
또한 「〜し(중지법:연용형으로 문장을 잇는 방법)」를 쓰는 경우,
「ず」가 되어

・試験もでき**ず**、失恋もした。

와 같은 문장이 되는데, 중지법은 **문장체라 딱딱한 느낌**을 주므
로 일상 회화에서는 잘 쓰지 않지만, 강연이나 연설과 같은 **공식
적인 발화에 한정**하여 쓰이기도 한다.

2 넓고 깨끗하고 양지 바른 집으로 이사를 가고 싶다.
→ **広くてきれいで**　日当たりの良い家に引っ越したい。
　　広いしきれいだし(×)

✏️ 그런데 「〜し〜し」는 거기서 일단 문장이 끊어지기 때문에 뒤에 명사가 오는 경우에는 한꺼번에 수식할 수 없다. 즉,

- (広い＋きれいだ＋日当りが良い) 家

와 같이 뒤의 명사 「家」를 세 가지가 동시에 수식하는 경우, 「〜し〜し」는 쓸 수 없다. 이런 점은 「〜며」와 비슷하다. 뒤의 명사를 한꺼번에 수식하려면 「〜て」를 사용하여

- 広くてきれいで日当たりが良い家

라고 해야 맞는다.

그런데 틀리기 쉬운 것은

- 広いしきれいだし日当たりのよい家なので皆満足だ。

라는 문장인데, 이 문장의 구조는

- ① (この家は) 広い。

  ② (この家は) きれいだ。

  ③ (この家は) 日当たりが良い家なので皆満足だ。

라는 세 개의 문장을 연결시킨 것이지 「広い」 「きれいだ」라는 형용사·형용동사가 뒤의 명사 「家」를 수식하는 것은 아니다. 요컨대, 「〜し〜し」는 **문장과 문장을 잇는 것**이지 단어(형용사·형용동사)를 잇는 것은 아니다.

3 A 「유미코와 히로미는 어디 갔어요?」

→ 「ゆみことひろみはどこに行きましたか。」

B 「유미코는 학교에 갔고 히로미는 학원에 갔어요.」
→ 「ゆみこは学校に 行ったし、ひろみは塾に行きました。」
　　　　行き(×)

이 문장은 「〜は〜し〜は」 문형의 전형이다. 「유미코는 학교에 갔고 한편 히로미는 학원에 갔다」라는 「한편」이라는 뜻을 포함한 문형이다. 단 이것도 아주 회화적인 느낌이라는 것을 알고 써야 한다. 문제 문장의 경우 회화문이라 사용이 가능하다. 그리고 **윗사람에게 말할 때는** 「行ったし」는 실례가 되므로 꼭 「ます」형으로 해서 「行きましたし」라고 해야 한다.

• ゆみこは学校に行き<u>ました</u>しひろみは塾に行きました。

그런데 중지법으로 「行き」라고 하면

• ゆみこは学校に行き、ひろみは塾へ行きました。

와 같은 문장으로 문장체가 되어 회화에는 적당하지 못하다. 또 「〜て」를 써서 「行って」라고 할 수도 있으나, 「한편」이라는 의미가 첨가되지 않는 점이 「〜は〜し〜は」와 다르다.

• ゆみこは学校に行ってひろみは塾へ行きました。

그런데 참고로

• 太りたく<u>は</u>ない<u>し</u>ケーキ<u>は</u>食べたい<u>し</u>。

라는 문장은 단순한 문장 접속은 아니고, 「한편」 「그런데」라는 의미가 필요하므로 「〜て」로 바꿔 쓸 수 없다.

• 太りたくはなく<u>て</u>ケーキは食べたく<u>て</u>。(×)

는 어색한 문장이다.

「학원」에는 다음과 같이 여러 종류가 있다.
• 予備校 : 대규모 대입학원
• 塾 : 소규모 보습 학원 … そろばん塾、英語(の)塾

- 教室^{きょうしつ} : 소규모 보습 학원 ··· そろばん教室、英語教室

  소규모 체육, 예술 학원

  ··· 水泳教室、バレエ教室、ピアノ教室、茶道教室^{さどう}
- 学校^{がっこう} : 대규모 어학, 전문 기술 학원

  ··· 花嫁学校^{はなよめ}、料理学校、英語学校、コンピューター学校

여기에서 보듯이 「学院(学院)」이라는 일반 명사는 없고 고유 명사로 「A学院大学」 「B学院」 등이 있을 뿐이다. 따라서 「学院^{がく}^{いん}に行く」라고 하면 통하지 않는다.

4

> 오늘은 아침을 일찍 먹고 학교에 갔습니다.
>
> → 今日は朝食を早く **食べて** 学校に行きました。
>
> 　食べたし(×)

🖊 여기에서 「〜て」는 **순서**를 나타내기 때문에 「食べたし」는 쓸 수 없다. 중지법으로 「食べ、」라는 표현은 가능하나 문장체이므로 일상 회화에서 쓰면 어색하다.

5

> 앉아서 이야기합시다.
>
> → **座って** お話^{はなし}しましょう。
>
> 　座るし(×)

🖊 여기에서의 「〜て」는 **상태・수단・방법**의 「て」라고 불리는 것으로, 역시 「〜し」는 쓸 수 없다.
- 走って家に帰った。^{はし}^{いえ}^{かえ}
- 車に乗って行こう。^{くるま}^の^い

등도 마찬가지다. 또 중지법「座り、」는 가능하나 문장체이므로 이러한 일상 회화에는 어울리지 않는다.

6 언어는 인간의 사고를 형성했고 한국어는 한국인의 사고를 형성했다.
→ 言語は人間の思考を形成し、韓国語は韓国人の思考を形成した。

이 문제는 앞에 보인 문장과 달리 딱딱한 문장체임을 알 수 있다.

따라서 맨 처음에 제시한 도표 중에서 가장 딱딱한 중지법을 사용한다. 내용을 보아도「한편」이나「게다가」라는 의미의 첨가는 없으므로「～は～し～は」는 쓰지 않는다.

「한편」이라기보다 오히려「따라서」라는 원인・이유의 뜻이 있으므로「～て」또는「～し(중지법)」를 써야 한다. 만약「～は～し～は」를 쓴다면,

- A「言語と韓国語は**それぞれ**何を形成したのですか。」
  B「言語は人間の思考を形成<u>し</u>(한편)韓国語は韓国人の思考を形成したのです。」

와 같은 **대조**를 필요로 하는 문장일 것이다.

7 그 사람은 고등학교까지 일본에서 다녀서 지금도 그 억양이 남아 있다.
→ 彼は高校まで日本で通い、今でもそのイントネーションが残っている。

✏️ 이것도 문장체로 일본에서 고등학교까지 다녔다는 것이 **원 인**이 되어 지금도 그 억양이 남아 있다는 해석이다. 따라서 딱딱하고 원인・이유의 뜻이 있는 중지법을 사용하는 것이 적절 하다.

8 독신 생활을 즐기며 직장에서 경력을 쌓는 여성들이 늘고 있 다.
→ 独身生活を楽しみ（ながら）職場でキャリアを積む女性が増 えている。

✏️ 이것도 문장체이고 「동시에」라는 뜻이 포함된다고 해석할 수 있으므로, 딱딱하고 게다가 「동시」의 뜻을 가진 중지법 을 사용하는 것이 적당하다.

9 내 귀에는 「뻐스」로 들렸기 때문에 내 듣기 실력으로는 「버 스」라고 해석할 수 없었다.
→ 私の耳には「ポス」と聞こえ、私の聞き取り能力では「バ ス」とは解釈できなかった。

✏️ 이것도 문장체로 여기서는 「뻐스」라고 들은 탓에 「버스」 라고 해석이 되지 않았다는 「원인・이유」의 뜻이 포함되 어 있으므로, 딱딱하고 원인・이유의 뜻이 있는 중지법이 적당하 다.

10 「みず」란 발음도 제대로 한 것 같지 않았고 상대가 알아들은 것 같지도 않았다.
→ 「みず」という発音もきちんとしなかったようでもある<u>し</u>、相手が聞き取ってくれたようでも<u>な</u>かった。

「〜し〜し」를 문장에서도 쓸 수 있는 예문이다. 이 때는 원문에 「〜도 〜도」란 표현이 있어서, 확실하게 「게다가」라는 뜻을 포함하고 있다고 생각되는 경우에만 쓸 수 있다. 「〜し〜し」는 「게다가」든지 「한편」이든지 의미 첨가를 필요로 할 때에만 문장 속에서 쓰도록 한다. 이것도 회화적인 부드러운 문체라는 것을 알아둘 것.

11 그 음식을 도쿄에서는 「오뎅」이라고 부르고 오사카에서는 「간토다키(관동식 조림)」라고 부른다.
→ その食べ物を東京では「おでん」と呼び大阪では「関東炊き(関東風煮物)」と呼ぶ。

이것도 문장체라 중지법을 사용하여 단순 접속시키면 의미 첨가(「게다가」「한편」 등)는 없다. 하지만
• その食べ物を東京<u>は</u>「おでん」と呼ぶ<u>し</u>、(一方)大阪では<u>は</u>「関東炊き」と呼ぶ。
라고 「〜は〜し〜は」 문형을 사용하여 「한편」의 의미를 첨가할 수도 있다. 그런데 역시 「〜し〜し」는 회화에 가까운 부드러운 문체라는 것은 잊지 말 것.

이 장의 처음에 제시한 도표를 통해 각각의 특징을 알 수 있는데, 문장으로 다시 정리하면 다음과 같다. 도표와 대조하면서 읽기 바란다.

1. 「～し～し」가 「～して」나 「～し(중지법)」와 다른 점

　① 의미 첨가를 한다

　　a. 「～も～し～も」 …… 「게다가」

　　b. 「～は～し～は」 …… 「한편」

　② 문장과 문장을 잇는 것이기 때문에 단어(형용사・형용동사)를 이어서 뒤의 명사를 수식할 수 없다.

　③ 「열거」의 뜻만 있지 「순서」 「원인」 「수단・방법」 「동시」 등의 기능은 없다.

2. 「～して」가 「～し(중지법)」와 다른 점

　① 단순 접속의 뜻인 경우, 「～して」 쪽이 더 부드럽고 회화체적

　② 「수단・방법」의 용법이 있다.

3. 한국인 학습자의 경우, 특히 「～し～し」라는 문형을 자주 쓰는 경향이 있다. 이 문형은 문장을 마지막까지 확실히 말하지 않고 흐려서 끝낼 수가 있어 장담하는 것을 피하고 부드러운 표현을 좋아하는 일본식 커뮤니케이션에 딱 맞는다. 그리고 요즘 젊은이들 사이에서 하나의 유행으로 「～し～し」를 쓰고 있다는 것은 사실이다. 주의해야 할 것은 손윗사람에게 쓸 때는 꼭 「ます」를 붙여 「～ますし～ますし」라고 해야 한다. 또한 문장 속에서 쓸 때에는 확실한 의미 첨가(「게다가」 「한편」)가 있는 경우에만 쓸 수 있는데 그것은 문장이 부드러운 문체(회화에 가까운 문체)에서만 가능하다는 점에 주의해야 한다.

다음 한국어 문장을 일본어로 옮기시오.

1. 당신 마음을 알 수 없어요.

   ➡

2. 사람이 물 위를 걷다니 있을 수 없는 일입니다.

   ➡

3. 우리 아이가 도둑질을 했다고요?
   그럴 리가 없어요.

   ➡

4. 장례식인데 웃을 수가 없잖니.

   ➡

5. 친구 결혼식인데 안 갈 수가 없습니다.

   ➡

6. 저로서는 판단할 수 없으니 부장님께 가셔서 말씀해 보시죠.

   ➡

정답과 해설

여기서는 한국어 「〜ㄹ 수 없다」와 「〜지 않을 수 없다」에 해당하는 일본어 유형을 살펴보겠다.

1 당신 마음을 알 수 없어요.

→ あなたの心 <u>がわかりません</u>。

がわかれません(×)

をわかることができません(×)

🖋 「〜ㄹ 수 없다」에는 첫째로 「**불가능**」의 의미가 있다. 「することができない」라는 긴 형태든지, 가능형의 짧은 형태든지 뜻은 같으나 조사에 주의해야 한다. 타동사 중에 「を」를 택하는 동사의 경우,

• 字を読む

→ ① 字を読むことができる

② 字が読める

와 같이, 가능형은 「を」를 「が」로 바꾸는 것이 기본이다.

그러면 오류 예로 보인 「がわかれません」「をわかることができません」은 맞지 않느냐고 할 수도 있는데 **단어편 제6장**에서 살펴보았듯이, 「わかる」는 이미 그 자체에 가능의 뜻이 포함되어 있는 **동사**라는 것을 배웠다. 따라서 「わかる」는 「わかれる」와 같은 가능형은 만들 수 없고 「わかることができる」라는 유형도 붙일 수 없다.

또한 조사도 「〜를 알다」는

• 〜を知る(타동사)

• 〜がわかる(자동사)

와 같이 「わかる」는 꼭 「が」가 되어야 한다. 아직 혼동이 되는 사람은 **단어편 제6장**을 확인한다.

2 사람이 물 위를 걷다니 있을 수 없는 일입니다.
→ 人が水の上を歩くなんて **あり得ない** ことです。
あるはずがない(○)

「〜ㄹ 수 없다」는 둘째 「개연성」의 의미가 있다. 「〜ㄹ 리가 없다」는 뜻으로 일본어로는 「はずがない」로 표현한다.
문제 문장에서는 「있다」를 「ある」라고 하고 「はずがない」를 붙였는데, 「あるはずがない」의 경우 「ありえない」라는 형태도 있다. 여기서 불가능의 「ことができない」는 전혀 쓸 수가 없다. 이것은 한국어 「〜ㄹ 수 없다」가 「〜ㄹ 리가 없다」의 의미를 갖는 것과는 차이가 있다.

3 우리 아이가 도둑질을 했다고요? 그럴 리가 없어요.
→ うちの子が盗んだですって？ **そんなはず** がありません。
そのはず(×)

이것도 개연성의 「〜ㄹ 수 없다」로 「はずがない」를 쓰게 되는데 여기서는 지시사에 주의해야 한다.
• 그럴 수(리)가 없다 → <u>そんな</u> はずが <u>ない</u>
その(×)
이와 같이 뒤가 부정형인 경우 「そんな」라고 해야 한다. 이것은

「そんな」라는 **감정**을 포함한 말을 통해 부정은 강하게 부인해야 되기 때문이다. 이에 대해 긍정인 경우,

- A「木村さん(제3자)は来ますか。」
  B「はい。<u>その</u> はず <u>です。</u>」(네. 그럴 거예요)
  　　そんな(×)

와 같이 「その」를 사용한다. 긍정의 경우, 강한 표현은 필요없고 그저 상대의 말을 지시만 하면 되기 때문이다. 「その」「そんな」의 차이에 대해서는 **단어편 제5장** 문제 4나, **문법편 제3장** 문제 7을 참조할 것.

4 　장례식인데 웃을 수가 없잖니.
　　→ お葬式なんだから笑うわけにはいかないじゃないか。
　　　　　 そうしき

「불가능」에도 여러 가지가 있는데, 문제 1이 능력이 없어서 못하는 것이라면, 이것은 **상황이 허용치 않아** 못하는 경우이다. 이럴 때는 「～するわけにはいかない」가 가장 적절하다. 예를 하나 더 들면,

- これは父の形見だからいくら友達でもあげるわけにはいかな
  　　　 ちち かたみ　　　　　　 ともだち
  い。（形見 = 유품）

도 「주고 싶어도 상황이 그러니까」라는 뜻이므로 「するわけにはいかない」를 써야 한다.

5 　친구 결혼식인데 안 갈 수가 없습니다.
　　→ 友達の結婚式なのだから 　<u>行かないわけにはいきません。</u>
　　　　　　　　　　　　　　 行かざるをえません(○)

🖊 위와 마찬가지로 상황이 허용하지 않는 「못 한다」의 부정형이 붙는 경우에는 두 가지 유형이 있다. 하나는 문제 4의 「するわけにはいかない」의 부정형 「しないわけにはいかない」이다. 상황이 허용하지 않는다는 뜻으로 「바쁘기만 이무래도 소중한 친구의 결혼식이라는 상황이니까 안 갈 수 없다」는 뜻이 된다.

또 하나는 「ざるをえない」로, 이것은 「ないわけにはいかない」보다 「싫지만 어쩔 수 없이」라는 뉘앙스가 첨가되는 경우가 많다. 같은 예문이라도 「ざるをえない」로 바꾸면 「바빠서 가기 싫지만 일단 가야 된다」는 느낌을 주게 된다. 예를 들면,

• 彼女と結婚しないわけにはいかなかった。

는 어떤 상황 때문에 결혼하게 되었다는 것을 느낄 뿐이지만,

• 彼女と結婚せざるをえなかった。

라고 하면 「나는 싫었지만」 「피할 수가 없어서」라는 것을 나타낸다. 따라서 부정형의 경우 두 유형의 어느 쪽을 쓰느냐에 따라 인상이 달라지므로 주의를 요한다.

6 저로서는 판단할 수 없으니 부장님께 가셔서 말씀해 보시죠.

→ 私 <u>といたしましては</u> 判断(はんだん) <u>いたしかねます</u> ので
　　としては(○)　　　　　　　できません(○)

部長の所(ぶちょう ところ)にいらっしゃってお話しください。
部長にいらっしゃって(×)
部長にお話しください(○)

마지막으로 「かねる」에 대해 살펴보자. 「かねる」는 원래 「하기 어렵다」는 뜻으로 「못 한다」는 뜻은 아니지만, 실생활에서 「못한다」는 뜻으로 자주 쓰인다. 일본 사람들은 「못 한다」고 확실히 거절하기보다 「하기 어렵다」고만 말해 놓고 나머지 부분을 상대의 판단에 맡기는 것을 부드럽고 공손하다고 느낀다. 특히 예의상 「못 한다」고 말하면 관계가 단절될 수 있는 **사업 관계**에서는 「できない」 대신에 「かねる」를 쓰는 것이 보통이다. 예를 들면,

- よくわかりません。
  - → ちょっとわかり**かねます**。
- すみませんができません。
  - → 申し訳ございませんが、でき**かねます**。
  - /いたし**かねます**。

와 같이 문장 끝을 흐려서 「かねますが…」「かねるのですが…」라고 하는 것이 바람직하고 더 부드럽게 느껴진다.

그런데 「못 한다」의 「かねる」와 「かねない」를 혼동하지 말 것. 「かねない」는 「바람직하지 않은 일이 일어날지 모른다」는 **우려**를 나타내는 문형이다. 예를 들면,

- はっきりした断わりは「冷たい」という印象を与え**かねない**。
- これ以上欠席が続くと退学になり**かねない**。

와 같이 쓴다.

「(사람)에게 가서」 부분은 직역해서 「(人)に行く」라고 하면 틀린다. 가는 목적지가 사람인 경우, 꼭 「～の所に」를 붙여 「(人)の所に行く」라고 해야 맞는 표현이다.

1. 「〜ㄹ 수 없다」에는 두 가지가 있다.
   ① 불가능 : 〜ことができない/〜가능형 (-eない・られない)
      • 「を」를 택하는 동사에 관해서는 조사에 주의. 가능형을 쓸 경우 「を」가 「が」로 바뀌는 것이 기본이다.
      • 「わかる」는 그 자체에 가능의 뜻이 포함되어 있어 가능형을 만들 수 없다.
   ② 개연성 : ありえない/あるはずがない
      • 「그럴 리가 없다」는 「そんなはずが(は)ない」라고 해야지 「そのはずがない」라고는 할 수 없다.

2. 「〜지 않을 수 없다」는 두 가지 있다.
   ① 〜ないわけにはいかない … 상황이 허용하지 않는다.
   ② 〜ざるをえない … 「싫지만 어쩔 수 없이」

3. 사업 관계로 거절할 때에는 「できない」보다 「かねる」를 쓰는 것이 바람직하다.

일본어는 모든 말이 자기의 심정이나 입장을 설명하는 것이 아니라 미묘한 뉘앙스 차이로 상대의 판단에 맡기는 언어이다. 그것을 모르고 유사 표현을 동의 표현으로 잘못 알고 있다면 상대 일본인의 심정을 이해할 수도 없고 자신의 발언으로 오해를 일으킬 우려도 있다. 「できない」 대신에 「かねる」를 쓰거나, 「ないわけにはいかない」와 「ざるをえない」를 구별해서 써야 하는 것은 고급 학습자나 실용 단계에 들어선 학습자에게 꼭 필요한 것이다.

다음 한국어 문장을 일본어로 옮기시오.

1. 4월달부터 여기서 일을 하게 되었습니다. 잘 부탁드리겠습니다.

   ○

2. 거기서 두 사람은 운명적으로 만나게 되었다.

   ○

3. 두 사람은 점점 서로 사랑하게 되었다.

   ○

4. (인사말) 내년 봄에 결혼하게 되었습니다.

   ○

정답과 해설

「하게 되다」에는 「변화」와 「결정」의 두 가지 의미가 있다. 일본어
에서는 이것들을 다른 표현 방식으로 나타낸다.

1 4월달부터 여기서 일을 하게 되었습니다. 잘 부탁드리겠습
니다.

> → 4月からここで 働く〔はたら〕　　　ことになりました。
> 　　　　　　　　仕事をする〔しごと〕(○)　ようになりました(×)
> よろしくお願い〔ねが〕致〔いた〕します。

✎ 우선 「하기로 하다」에 대해 살펴보자. 「하기로 하다」는 자신이 결정한다는 뜻으로 일본어로는 「することにする」가 된다. 예를 들면,

• 하루 3시간 공부하기로 했다.
　→ 一日〔いちにち〕3時間〔じかん〕勉強〔べんきょう〕することにした。

는 내가 그렇게 결정한 것이다. 이와 반대로 자신이 결정하는 것이 아니라 **남에 의해 결정**되는 경우는 「하게 되다」를 쓰는데, 일본어로는 「ことに**なる**」가 된다. 예를 들면,

• 초등학교도 앞으로 토요일은 쉬게 될 것이다.
　→ 小学校〔しょうがっこう〕もこれから土曜日〔どようび〕は休む〔やす〕ことになるだろう。

와 같이 내가 아니라 남(정부나 학교)에 의해 결정되는 경우이다. 다음으로 「하게 되다」의 또다른 의미인 「**변화**」에 대해 살펴보자.

• 형용사　　大きい → 大き**く**なる
• 형용동사　きれいだ → きれい**に**なる　…… 아・어지다
• 동사　　　する → する**ように**なる　…… 하게 되다

초급에서 배운 것들인데 이것들은 모두 「변화」를 나타낸다. 이 중에 동사인 경우 한국어로 「하게 되다」의 의미가 되어, 앞에서 살펴본 「남에 의한 결정」의 「하게 되다」와 같은 형식이 된다. 그래서 「변화」와 「남에 의한 결정」이 헷갈려서 일본어로 옮길 때에 오류를 일으키곤 한다.

문제 문장의 경우, 한국어 원문은 두 가지 일본어가 가능하다.

• 4月から働く**ように**なりました。

에서는 「변화」를 나타내므로 의미가 「전에는 일을 안 했지만 4 월부터 일을 하게 되었다」「하루에 2시간부터 시작해서 하루 4 시간, 5시간으로 늘었다」는 내용이 된다. 그러나 뒤에 이어지는 문장 「잘 부탁드리겠습니다」로 알 수 있듯이 이것은 인사말이 다. 일본에서는 3월 말까지 학생이고, 4월 1일부터 회사에 들어 가는 것이 보통인데 그럴 때 하는 인사말이라면, 「변화」라고 할 수 없다. 도표로 보면

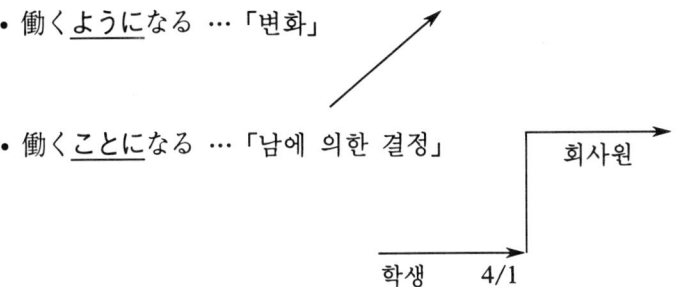

• 働く**ように**なる … 「변화」

• 働く**こと**になる … 「남에 의한 결정」

회사원

학생   4/1

와 같은데, 3월 말까지 학생이고 4월 1일부터 회사원이 되는 것 (아래)이지, 연속적으로 변화를 해 가면서 회사원이 되는 것(위) 은 아니다. 따라서

• 4月からここで働く**こと**になりました。

가 정답이다.

그런데 왜 「**남에 의한 결정**」이냐고 의아해하는 분이 계실지 모 른다. 「일을 하겠다」는 것은 **자신**이 결정한 것이 아니냐는 의문 이 있을 수 있다. 하지만 **인사말**이라는 것을 염두에 두면 「내가 여기서 일하기로 했습니다」라고는 할 수 없다. 인사라면 끝까지 「사장님 덕분에」「여러분 덕분에」라는 의미를 나타내는 것이 필 요할 것이다. 따라서 「내가 결정했다」는 「ことに**する**」가 아니 라 「남에 의한 결정」인 「ことに**なる**」를 쓰는 것이다.

2
거기서 두 사람은 운명적으로 만나게 되었다.
→ そこで二人(ふたり)は運命的(うんめいてき)に **出会(であ)うことになった。**
出会うようになった(×)

🖊 「出会う」는 그저 일상적으로 만나는 것이 아니라 중요한 만남이나 우연의 만남 등 특별한 의미를 가진 말로, **같은 사람과 몇 번이고 「出会う」할 수는 없다.** 문제의 문장도 「운명적」이라는 말이 있으므로 「会う」라고 해도 되지만 「出会う」를 썼다.

그런데 「出会う」를 쓰는 경우, 「하게 되다」는 어떻게 표현하면 좋을까. 중요한 만남이란 **순간성·일회성**이기 때문에

• 出会う**ように**なる … 「변화」

와 같이 「첫날은 1시간 만나고 그 다음은 3시간, 4시간」과 같은 식으로 늘어나는 변화를 나타낼 수 없다. 그러나

• 出会う**こと**になる … 「남에 의한 결정」

만남 ⟋ • 아는 사이

모르는 사이

와 같이 「ことになる」로 나타낼 경우 순간성 동사도 쓸 수 있어 문제 문장에서는 「남에 의한 결정」인 「ことになる」를 썼다. 그런데 이 경우 「남」이란 누구일까? 물론 「운명」 또는 「신」일 것이다.

3 두 사람은 점점 서로 사랑하게 되었다.
→ 二人_(ふたり)はだんだん(お互_(たが)いに)愛_(あい)し合_(あ)うようになった。

> 「점점」이란 말이 있듯이 이것은 변화를 나타낸다. 서로 의
> 식하기 시작해서 호감을 갖고 알면 알수록 좋다고 느끼고
> …라는 식으로 사랑에 빠져들어가는 것은 바로「변화」의「よう
> になる」가 나타내는 분야이다.
>
> • 愛し合う<u>ように</u>なる …「변화」

점점 사랑하게 됨

그리고「점점」이라는 말이 없는 문장으로「愛し合うことになる」
라는 표현도 가능하다. 이 문장은「남에 의한 결정」의 의미가 있
으므로「운명」이나「신」의 의사에 따라 그렇게 되었다는 것을
나타낸다.

4 (인사말) 내년 봄에 결혼하게 되었습니다.
→ 来春_(らいしゅん)結婚する <u>ことになりました</u>。
　　　　　　ようになりました(×)

> 결혼을 발표할 때의 인사말이다.「변화」인가「결정」인가?
> 우선 일본어「結婚する」는 **순간성**의 동사이다.「혼인 신고
> 를 낸다」든지「결혼식을 올린다」든지 하는 것은 점이지 선은 아
> 니다. 따라서 문제 2의 해설에서 보았듯이 순간적인 말은「변화」
> 할 수 없다. 만약
>
> • 結婚する<u>ように</u>なる(×) …「변화」

점점 결혼하게 됨?

라고 하면 「오늘 2시간 결혼 생활을 하고 내일은 3시간, 모레는 4시간…」이라는 뜻이 되고 만다. 결혼이란 결혼하지 않은 상태로부터 점점 결혼 상태로 들어가는 「변화」는 아니다. 따라서 「ようになる」는 오류가 된다.

따라서 「하게 되다」의 다른 표현인 「ことになる」가 정답이 되는데, 이것은 「**남에 의한 결정**」을 나타낸다. 「결혼은 본인이 결정하는 것이 아니구나」「이 사람은 부모가 정한 상대와 결혼하는구나」 하고 속단해서는 안 된다. 문제 문장은 끝까지 인사말이다. 친구에게 자신의 결심을 말한다면 「結婚する**ことにした**(결혼하기로 했다)」라고 할 수 있겠지만, 발표하는 자리에서의 인사말이라면 거기에 있는 「여러분 덕분에」라는 「남에 의한 결정」형식으로 말하는 것이 예의에 맞는 표현일 것이다.

그런데 「ことになる」는 **문장을 부드럽게 할 때**에도 자주 쓰인다. 예를 들면, 사업상 거래를 중지시킬 때에 사장이나 그 회사 자체가 중지를 결정한 것이라도 거래처에 대해 말할 때에는 「남에 의한 결정」인 「ことになる」를 써서

- 御社とのお取引きをしばらく中断する**ことになりました**。

라고 하면, 「자신의 결정」인 「ことにする」보다 충격이 약화될 것이다. 「ことになる」는 「내 의사와 상관없이」「어쩔 수 없이」「유감스럽지만」이라는 의미를 포함시킬 수 있기 때문이다. 파티에 참석하기 싫을 경우,

- パーティーに参加しない　ことにしました。
　　　　　　　　　　　　　　　의지　　　나의 결정

하고 거절하는 것보다

- パーティーに参加できない　　ことになりました。
　　　　　　　　　　　　불가능　　「유감스럽지만・어쩔 수 없이」

라고 하는 편이 부드러운 표현이다.

「하게 되다」에는 두 가지 있다.

① **ことになる** : 남에 의한 결정

   단, 본인이 결정한 것이라도 인사말인 경우에는 「ことになる」로 표현하는 것이 바람직하다.

② **ようになる** : 동사의 변화

   단, 순간성·일회성의 동사는 변화할 수 없다.

이와 같이 문장의 내용에 따라 「결정」의 「ことになる」인지 「변화」의 「ようになる」인지 판단할 필요가 있다. 문장에 따라서는 둘 다 쓸 수 있는 것도 있으나 기본적으로 두 개의 표현의 차이를 알고 구별하여 사용해야 한다.

19 ～に対して・～について・～に関して / ~에 대해

다음 한국어 문장을 일본어로 옮기시오.

1. 문학에 대해 논의한다.

    ○

2. 소년기에 흔히 볼 수 있는 동성에 대한 동경은 연애의 예행 연습
   이라고들 한다.

    ○

3. 일본의 침략 행위에 대해 반성하지 않고서는 다음에 또 실패할 것
   이다.

    ○

4. 일본의 침략 행위에 대해 반성하지 않고서는 「미래지향」은 할 수
   없다.

    ○

정답과 해설

「~에 대해」는 「～に対して」「～について」「～に関して」 등이 있
는데 한국인 학습자가 가장 틀리기 쉬운 표현 중의 하나이다. 이들의
차이점을 살펴보자.

1 문학에 대해 논의한다.

→ 文学 <u>について</u>　話し合う。
　　　　に関して(○)　議論する(○)
　　　　に対して(×)

「～について」「～に関して」의 뜻은 「내용·주제」로 똑같다. 「～에 관해서」는 **딱딱한 표현**이어서 일상 회화에서는 「～について」를 더 많이 쓴다. 이 문장에서는 어느 쪽을 쓰든지 문체상의 차이는 있어도 뜻은 같다. 여기서는 논의한 「내용·주제」가 문화임을 나타내고 있다. 뒤에 명사가 이어지는 예문을 들면,

- 교육 정책에 대한 의견
  → 教育政策　についての意見
  　　　　　　に関する意見
  　　　　　　に関しての意見

와 같은 세 가지 유형이 가능한데 뜻은 모두 「의견의 **내용**이 교육에 관계되는 것」이라는 것이다. 이런 경우 「～に対して」는 쓸 수 없다.

2 소년기에 흔히 볼 수 있는 동성에 대한 동경은 연애의 예행 연습이라고들 한다.

→ 少年期によく見られる同性　**に対する**　憧れは恋愛
　　　　　　　　　　　　　　に関する(×)
　　　　　　　　　　　　　　についての(×)

の予行演習と言われている。

여기에서 보듯이 「〜に対して」는 「방향・목표물」을 나타
낸다. 예를 들면,

- 나라 정책 에 대한 반발

  └→ 방향 ──┘

의 경우, 「반발」의 「대상・방향」이 「나라의 정책」이므로

- 国の政策に対する反発

와 같이 「〜に対する」로 해야 되며, 또

- 先生に対してぞんざい語(반말)を使ってはならない。

  └─ 방향 ────┘

는 반말을 쓰는 「방향・상대」가 「선생님」이므로 「〜に対して」
가 된다.

문제 문장에서도 마찬가지로,

- 同性に対する憧れ

  └─ 방향 ──┘

「동경」의 「방향・대상」이 「동성」임을 나타낸다.

요컨대 「〜に対して」「〜について・関して」의 바로 뒷문장이 「방
향성」을 나타내면 「〜に対して」, 「내용・주제」에 관한 것이면
「〜について・関して」를 쓴다. 더 구별하기 쉬운 방법은 「~에 대
해」 부분을 「~에 관해」로 바꿀 수 있으면 「〜について・関して」
가 된다고 보면 된다. 예를 들면,

- 先生について悪口を言う。

  ‖   └──┘

  내용・주제 ──┘

는 선생님에 관한 욕을 친구끼리 하는 것이고,

- 先生に対して悪口を言う。

  └─ 방향 ──┘

는 그 욕을 직접 선생님에게 말한다는 뜻이 된다.

3 일본의 침략 행위에 대해 반성하지 않고서는 다음에 또 실패할 것이다.

→ 日本の侵略行為について反省しなければ次もまた失敗するだろう。

4 일본의 침략 행위에 대해 반성하지 않고서는 「미래지향」은 할 수 없다.

→ 日本の侵略行為に対して反省しなければ「未来志向」はできない。

그런데 「〜に対して」와 「〜について・関して」가 뒤에 이어지는 말에 의해 딱 부러지게 구별되는 것은 아니다. 뒤에 이어지는 말이 같을 수도 있다. 그런 경우에 느껴지는 뉘앙스 차이를 살펴보자. 예를 들면,

• ① 昨年の学校行事について反省し、それから今年の予定を立てましょう。

② 昨年の学校行事に対して反省し、今年は同じ過ちをしないようにしましょう。

에서 같은 「反省する」라는 말이 오지만, 각각 다른 뉘앙스를 느끼게 한다.

우선 ①의 「〜について反省」라고 하면, 체육 대회·소풍·야외 연수·문화 축제 등 여러 행사가 있던 가운데 **하나하나를 검토하는 것**을 뜻한다. 체육 대회의 준비 기간은 충분했는지, 소풍의 장소는 적절했는지… 등을 말한다. 그것을 검토한 다음에 올해 행사를 결정해 나가자는 것이다.

다음으로 ②의 「〜に対して反省」라고 하면, 작년 행사를 **한 덩**

어리로 보고 전체적으로 나쁜 점을 반성한다는 뜻이다. 「전체적으로 학업 위주로 즐기는 행사가 없었다」든지 「학생들의 의견을 반영하지 못했다」든지 전체적인 반성을 가리킨다. 도표로 제시하면 다음과 같다.

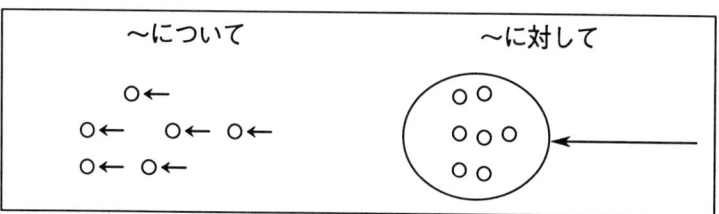

그러면 문제 3, 4를 여기에 대입하여 설명해 보자.

문제 3의 발언자는 유감스럽게도 일본의 정치인 중에 망언을 되풀이하는 사람들이 있는데 그 사람들의 말이라고 할 수 있다. 즉 하나하나의 침략 행위를 검토해서 「방법이 잘못되었다」「좀더 잘했더라면…」라는 의미이지 침략 행위 자체가 나쁜 일이라고 생각하는 것은 아니다.

그러나 문제 4의 발언자는 침략 행위를 총괄적으로 보고 그것들이 모두 나쁜 짓이었다고 반성하는 것을 의미한다. 3번과 전혀 태도가 다르다.

1. 「〜에 대해」는 꼭 「〜に対して」가 되는 것은 아니다. 다음의 세 가지 중에서 문장에 따라 구별해 써야 한다.

① a. ～について : 내용・주제

  b. ～に関して : 내용・주제

  단, 「～について」보다 딱딱한 문장에 쓴다.

② ～に対して : 방향・대상

  *「～에 대해」를 「～에 관해」로 바꿀 수 있는 것은 「～について・関して」가 되고, 「～に対して」는 쓸 수 없다는 것도 하나의 구별 방법이다.

2. ①②둘 다 쓸 수 있는 문장에서 각각 나타나는 차이점.

  ① ～について・関して : 사항 하나하나를 개별적으로 보는 시각

  ② ～に対して : 전체를 하나의 덩어리로 보는 시각

다음 한국어 문장을 일본어로 옮기시오.

1. 어젯밤부터 오늘 아침에 걸쳐 지진이 수백 번 일어났다.
   ○

2. 오늘 10시부터 16시에 걸쳐 단수됩니다.
   ○

3. 이 상품은 저희 회사가 10년 동안에 걸쳐 연구한 성과를 모두 담은 것입니다.
   ○

4. 이 문제에 대해서 앞으로 여러 번에 걸쳐 논의하고자 한다.
   ○

5. 1970년부터 1985년에 걸쳐 통산 5년간 일본에서 살았다.
   ○

6. 정치인, 지성인, 일반 시민에 걸쳐 두루 편견이 존재한다.
   ○

정답과 해설

「〜에 걸쳐」는 「〜にかけて」와 「〜に渡って」로 나눠지는데 뜻이 다르므로 내용에 따라 구분해서 써야 한다.

1 어젯밤부터 오늘 아침에 걸쳐 지진이 수백 번 일어났다.
→ 昨晩から今朝 **にかけて** 地震が数百 **回** 起こった。
　　　　　　　 に渡って(×)　　　　　　　　　番(×)

　　여기서는 「〜にかけて」가 정답이다. 이것은 「〜にかけて」
　　의 특징으로서 「〜にかけて」는 다른 시간대에 걸친다는 의미가 있는데, 그간의 행위가 **단속적**으로 이루어질 때에도 쓸 수가 있다.

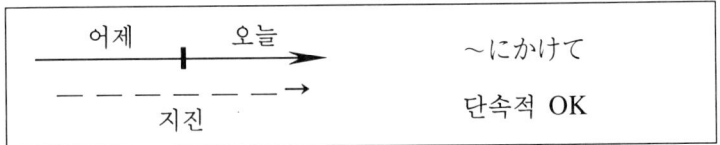

문제 문장은 「지진」에 관한 것인데 지진은 끊임없이 계속되는 것이 이니고 일어났다 멈추었다 하는 단속적인 것이기 때문에 「〜にかけて」가 맞는다.

　　지진이 일어난 **횟수**를 말할 때에는 「수백 번」은 「数百回」
　　라고 「回」를 써서 나타낸다. 「番」은 **순서·차례**를 나타내기 때문에 여기서는 쓸 수 없다. 두 개를 비교해 보면

• 교과서를 10번 읽으세요.
　→ 教科書を10回読みなさい。
는 **횟수**를 나타내므로 「回」를 쓰며,

• 3번 문제가 어렵습니다.

→ 3<u>番</u>の問題が難しいです。

는 문제 번호를 **차례**에 따라 매기는 것이므로「番」_{ばん}을 쓴다. 예문을 하나 더 들어 보자

• 나는 한 번도 일등을 못 해 보았다.

→ 私は<u>一回</u>_{いっかい}も1<u>番</u>_{ばん}になれなかった。

「한 번도」는 **횟수**를 나타내므로「回」_{かい}를,「일등」은 시험이나 성적을 점수에 따라 **순서**를 매기는 것이므로「1番」이다. 이와 같이 같은「번」이라도 구별해서 사용해야 한다.

2

오늘 10시부터 16시에 걸쳐 단수됩니다.

→ 今日10時から16時 **にかけて** 断水_{だんすい}になります。

に渡_{わた}って(○)

이번은 「단수」의 경우이다. 단수는 「〜にかけて」를 쓰면 단속적인 뜻이 되어 10시부터 16시 사이에 물이 나올 때도 있고 안 나올 때도 있다는 상황을 나타낸다.

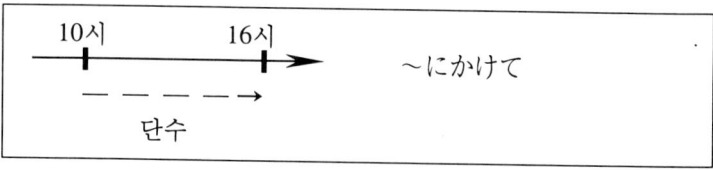

그런데 단수의 경우, 그 기간동안 계속적으로 완전 단수인 경우도 있다. 거기에 맞는 표현이 바로「〜に渡って」이다.「〜に渡って」는「**그 기간 동안 계속**」이라는 뜻이다.

따라서 문제 문장의 경우 어느 쪽이든지 쓸 수 있으나 그 내용이 달라진다는 것에 유의할 필요가 있다.

3 이 상품은 저희 회사가 10년 동안에 걸쳐 연구한 성과를 모두 담은 것입니다.

→ この商品は私共の会社が10年間　に渡って　研究した成
にかけて(×)

果を全て注ぎ込んだものです。

「～에 걸쳐」앞에 **폭이 있는 말**이 오는 경우 반드시「～に渡って」밖에 쓸 수 없다.「10년간」의「간」과 같이 폭이 있다는 것은 즉「그 기간 동안 계속」이라는 뜻이 되어「～にかけて」와 같은「단속성」은 맞지 않기 때문이다.

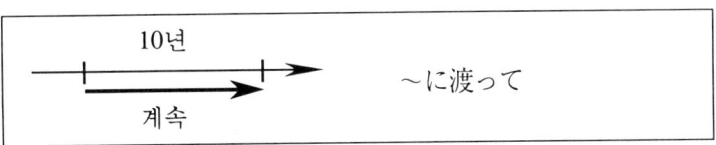

4 이 문제에 대해서 앞으로 여러 번에 걸쳐 논의하고자 한다.

→ この問題　について　これから数回　に渡って　論じ
に対して(×)　　　　　　　　　にかけて(×)

ようと思う。

이것 또한 문제 3의 해설과 같다. 「여러 번」이라는 폭이 있는 말에는 「〜に渡って」가 정답이다.

5 1970년부터 1985년에 걸쳐 통산 5년간 일본에서 살았다.
→ 1970年から1985年 **にかけて** 通算5年間日本
に渡って(×)

で暮らした。
に住んでいた(○)

 「〜に渡って」는 「그 기간 동안 계속」이므로 「1970年から1985年に渡って」라고 하면 「15년 동안」 살았다는 계산이 된다. 그러나 문제 문장은 「통산 5년」이라는 의미로 일본에서 생활한 적이 몇 번인가 있는데 그 기간을 다 합쳐서 5년이 된다는 것이다. 따라서 단속적인 「〜にかけて」가 맞는다.

6 정치인, 지성인, 일반 시민에 걸쳐 두루 편견이 존재한다.
→ 政治家、知識人、一般市民 **に渡って** 遍く偏見が存在する。
にかけて(×)

 이 문장은 시간에 관한 문제가 아니지만 같은 방식으로 생각하면 된다. 여기에서 「〜に渡って」는 「그 **범위**는 모두」라고 생각하여, 정치인이든 지식인이든 일반 시민이든 모두 편견을 가지고 있다는 이 문장에 맞는다.

「〜에 걸쳐」는 다음 두 가지가 있다.

1. 〜にかけて : 단속적 OK

2. 〜に渡って : ① 그 기간, 범위 모두

   ② 폭이 있는 말에도 사용 가능

21 ~において・~にとって/~에게 있어서

다음 한국어 문장을 일본어로 옮기시오.

1. 내일 시민홀에 (있어)서 연주회가 열립니다.

   ◯

2. 현재에 (있어서)도 현모양처를 미덕으로 삼고 있다.

   ◯

3. 김선생님께서는 동시 통역의 세계에 있어서 제일인자이십니다.

   ◯

4. 나에게 있어서 단지 산다는 것은 아무런 의미가 없는 일입니다.

   ◯

5. 여성에게 있어서 화장은 개성의 표현이다.

   ◯

6. 자네는 회사에 꼭 필요한 사람이다.

   ◯

![정답과 해설]

「〜において」와「〜にとって」는 둘 다「〜에(게) 있어서」인데 이 두 가지 표현을 혼동하는 경우가 적지 않다. 여기서는 그 차이점을 살펴본다.

1

내일 시민홀에 (있어)서 연주회가 열립니다.
→ 明日、市民ホール **において** 演奏会が開かれます。
にとって(×)

일반적으로「〜において」앞에는 **장소·때·상황** 등이 오고, 뒤에는 **동작성의 문장**이 따르는 것이 기본이다.
• 「장소·때·상황」+ において +「동작성 문장」

위의 문제를 보면,「〜において」앞에「시민홀」이라는 장소가 있고, 뒤에는「열립니다」라는 동작이 있으므로, 전형적인「〜において」예문임을 알 수 있다.
• 「시민홀」(장소)+ において |「열립니다」(동작)
이런 문장에서는「〜にとって」를 쓸 수 없다.

2

현재에 (있어서)도 현모양처를 미덕으로 삼고 있다.
→ 現在 **において** も **良妻賢母** を美徳と **している**。
にとって(×) 賢母良妻(×) みなしている(o)

이것도「〜において」의 공식에 딱 맞는다.「현재」라는「때」를 나타내는 말에「〜において」가 붙고 뒤에는「미덕으로 삼다」는 동작성 문장이 이어진다.

• 「현재」(때) + において + 「미덕으로 삼고 있다」(동작)

역시 「~にとって」는 사용하지 않는다.

3 김선생님께서는 동시 통역의 세계에 있어서 제일인자이십니다.

→ 金先生 _{キムせんせい} は　　　　同時通訳の世界 _{どう じ つうやく せ かい} において

におかれましては(○)　　　　　　にとって(×)

第一人者 _{だいいちにんしゃ} でいらっしゃいます。

✎ 「께서」는 「におかれましては」라고 하는데, 한국어 「께서」에 비해 사용 빈도가 낮은 높임말로 주로 의식이나 강연회 등 공식적인 장면에서 쓴다. 일상 회화에서는 「は」로 대용해도 아무 문제가 없다.

✎ 「~において」의 또 다른 기본 문형을 살펴보자. 이것은 「~において」 앞에는 **분야 · 시점**이 있고, 뒤에는 동작성이 아니라 **상태 · 판단 · 평가 문장**이 따르는 예문이다.

• 「분야 · 사항」 + において + 「상태 · 판단 · 평가 문장」

예를 들면,

• この旅館 _{りょかん} は<u>サービス</u>においては<u>日本一</u> _{に ほんいち} だ。

　　　　　　　(분야)　　　　　　　(평가)

와 같이 「~에 관해서」라는 뜻의 문장이다.

문제에서도 「동시 통역의 세계」라는 **분야**에서 「제일인자」라는 평가 · 판단을 하고 있으므로 「~において」를 쓴다. 여기서도 「~にとって」는 사용할 수 없다.

4 나에게 있어서 단지 산다는 것은 아무런 의미가 없는 일입니다.

→ 私 **にとって** ただ生きているということは何の意味
　　　において(×)

も ないことです。
が(×)

「아무런＋부정문」의 경우, 일본어로는 「何の〜**も**＋부정」으로 표현하는데 여기에서 「も」는 필수 불가결하다.

다음으로 「〜にとって」의 기본 형태를 살펴보자. 「〜にとって」 앞에는 **사람・입장・신분** 등이 있고, 또 뒤에는 **상태・판단・평가** 문장이 이어진다.

• 「사람・입장・신분」＋にとって＋「상태・판단・평가 문장」
문제에서도 「〜にとって」 앞에는 「私」라는 **사람**이 있고, 뒤에는 「아무런 의미가 없다」는 말하는 이의 **판단문**이 이어진다.

• 「私」(사람)＋にとって＋「아무런 의미가 없다」(판단문)
이러한 문장이 바로 「〜にとって」의 전형이다. 한국어에서는 대개 「〜에게 있어서」라고 「〜에게」를 쓰기 때문에

• 「〜에게 있어서」 → 「〜にとって」
라는 공식이 통용되므로 오류는 적다.

5 여성에게 있어서 화장은 개성의 표현이다.

→ 女性 **にとって** 化粧は個性の表現だ。
　　　に(△)

그런데 한국어에서는 「～에게」만으로 표현하고 일일이 「～에게 있어서」로 하지 않아도 되는 경우가 있는데, 일본어에서는 뜻을 명확하게 하기 위해 「～に」만이 아니라 「～にとって」로 헤아 하는 경우가 있다. 물론 문제 4의 해실과 같이 공식에 맞는 경우에 한해서 가능하다. 문제에서 보면,

- 「여성」(사람) + にとって + 「화장은 개성의 표현이다」(판단문)

와 같은 구조가 된다. 실제로는 일본어에서는 「A는 B다」라는 판단문에 「(사람・입장)に」라는 조사를 쓰기가 어렵다. 따라서 이런 문장에는 「～にとって」를 쓰는 것이다. 다른 예문을 들어 보면,

- 누구에게나 일이란 힘든 것이다.

  〈「일은(A) 힘들다(B)」판단문〉

  → 誰<u>にも</u>　　仕事というのはつらいものだ。
    誰<u>にとっても</u>

- 자식에게 어머니는 영원한 고향이다.

  〈「어머니(A)는 고향이다(B)」판단문〉

  → 子供<u>に</u>　　母親は永遠の故郷だ。
    子供<u>にとって</u>

와 같이 뒷문장이 「A는 B다」라는 판단문인 경우, 한국어로 일일이 「～에게 있어서」라고 해석할 필요가 없더라도 「～にとって」라고 하는 것이 일본어다운 표현이다.

6

> 자네는 회사에 꼭 필요한 사람이다.
>
> → 君は会社　**にとって**　欠かせない人間だ。
> 　　　　　　 において(×)

「～にとって」앞에 「회사」라는 **무생물**이 올 수도 있는데, 그 때는 「A는 B다」라는 **판단문**이어야 한다. 예를 들면,

- 日本家屋にとって火事が最も怖い。

   「화재(A)는 무섭다(B)」 판단문〉

- 世界平和にとって核兵器の存在は大きな脅威となっている。

   〈「핵무기(A)는 위협이다(B)」 판단문〉

와 같다. 한국인 학습자에게는 이런 「무생물＋にとって」 문장에서 오류가 많이 생긴다. 「일본 가옥」이든 「세계 평화」든 한국어에서 「～에 있어서」가 되어 「～において」와의 구별이 분간하기 어렵기 때문이다. 여기서 다시 한 번 문제 1의 해설을 보자. 「～において」 뒤에는 **동작문**, 「～にとって」 뒤에는 **상태·평가·판단문**이 이어진다. 위의 예문에서 보면,

- 화재는 무섭다. (판단)
- 핵무기의 존재는 위험이다. (상태)

와 같이 동작성 문장은 아니다. 따라서 「～にとって」라고 해야 한다. 「～에 있어서」 앞에 무생물이 와서 「～において」「～にとって」의 구별이 안 될 때는 뒷문장의 성질로 판단하면 된다.

1. 「〜에(게) 있어서」는 두 가지가 있다.
(1) ① 〜において

　　　「장소・때・상황」+ において+「동작성 문장」

　　　뜻) で・に … 에서

　　② 〜において

　　　「분야・시점」+ において +「상태・평가・판단 문장」

　　　뜻) 〜に関して・〜について … 〜에 대해서・관해서
(2) 〜にとって

　　　「사람・입장・신분」+ にとって+「상태・평가・판단 문장」

2. 한국어와의 관계에서
(1)「〜에게 있어서」 = 「〜にとって」로 거의 통용된다.
(2)「〜에 있어」는 위에서 보인 구별에 따라 우선 그 **앞**이 무엇인가
　　에 따라 판단한다.

　　• 「장소・때・상황」 → 〜において

　　• 「분야・시점」 → 〜において

　　• 「사람・입장・신분」 → 〜にとって
(3) 단 「〜에 있어서」 앞이 「사람・입장・신분」이 아니면 꼭 「〜に
　　おいて」가 되는 것은 아니다. 무생물인 경우 뒷문장으로 판단할
　　것. 오류가 많은 부분이다.

　　• 무생물+뒷문장이 동작성 문장 → 〜において

　　• 무생물+뒷문장이 상태・판단・평가 문장 → 〜にとって

軽視(けいし)する・38
(×無視する)
携帯(けいたい)・193
携帯電話(けいたいでんわ)・193
けっこう〔副詞〕・102, 115
けっこうです・12~13
結婚(けっこん)した・158
(×結婚している)
結婚(けっこん)している・157
(×結婚した)
結婚(けっこん)する・291~292
決定(けってい)する／される・87
血涙(けつるい)をしぼる・28
けど・263
けれど・263
けれども・263~266
元気(げんき)でやっている・68
(×よく過ごしている)
検査(けんさ)をされる／受(う)ける
・90~91
原発(げんぱつ)・30
(×原電)

こ

子(こ)・35
ご〜いただく・94~95
光栄(こうえい)です・25

(×栄光です)
公開(こうかい)・31
公開(こうかい)する／される・
86~87
高官会談(こうかんかいだん)・30
(×高位級)
抗議(こうぎ)をされる／受(う)ける
・91~92
攻撃(こうげき)をされる・92
向上(こうじょう)する・83~84
(×向上される)
郷(ごう)に入(い)りては郷(ごう)
に従(したが)え・191
ご歓迎(かんげい)いただく・94
国際原子力機関(こくさいげんし
りょくきかん)・30
(×機構)
心根(こころね)がやさしい・27
ご支援(しえん)いただく・94
ご招待(しょうたい)いただく・94
ご説明(せつめい)いただく・94
ご注意(ちゅうい)いただく・94
ご提供(ていきょう)いただく・94
こと・208~215
こと・211
(○の／×もの)
〜ことだ・226~227, 232
〜ことではない・232
〜ことにする・288~292

색 인 (韓国語)

ㄱ

ㄴ

ㅇ

ㅎ

색인
(韓国語)

일본어표현 이게 왜 틀려?

초판발행_ 1996년 10월 15일
1판 8쇄_ 2012년 4월 30일
저자_ 하토리 레이코(羽鳥玲子)
펴낸이_ 엄호열
펴낸곳_ (주)시사일본어사
등록일자_ 1977년 12월 24일
등록번호_ 제300-1977-31호
주소_ 서울시 강남구 역삼동 826-28
전화_ 1588-1582(교재구입문의)
     02)764-1582(교재내용문의)
팩스_ 02)3671-0500
홈페이지_ http://book.japansisa.com
이메일_ tltk@chol.com

ISBN 978-89-402-0327-5 13730